クラスの雰囲気をつくるスピーチ指導

高橋 優 [著]

東洋館出版社

はじめに

「朝を変えれば教室は変わる！」

　私の大切にしている考え方です。朝の雰囲気をどれだけよくできるかで、その日の学びや人間関係は大きく変わってくると思っています。

　本書で紹介した朝のスピーチ活動も、朝の教室の雰囲気を変えるための手段の1つです。

　昔の私は、朝起きてもテンションが低く、学校でも不機嫌な表情をしていることが多々ありました。特に冬場は自分でも自覚できるほど、テンションが下がってしまいます。

　そんな私が、なぜ朝を変えようと思ったのか。それは、鴨頭嘉人さんが主催する「話し方の学校」に参加したことがきっかけでした。

　話し方の学校ではスピーチを習う前に「自分の生き方を見つめ直す」ことを習います。

・自分が大切にしていることは何か
・これからあなたは何を大切にして生きたいか
・どんな自分にあなたはなりたいのか

　このとき、自分自身と対話し自分なりの答えを導き出せたことが、本書に書かれている実践のきっかけにもなっています。

　私は「24時間365日元気を届けられる人になりたい」とそのときに誓ったのです。

決めたからには、実行に移す必要があります。特に、朝は元気を届けるどころか、他人の元気を吸い取るほどテンションが低かったので、改善が必要でした。

　改善といってもやったことはたった１つです。それは、

　「朝起きて我が子と元気に挨拶をする！」

　これだけです。今でも、継続している私の大切なルーティンです（この「朝の挨拶」のことを、「話し方の学校」の卒業スピーチで話しました）。

　自分自身が朝の雰囲気を変えると、明らかによい変化が起こりました。家族との仲がよくなったし、妻との喧嘩も減りました。学校でも「先生大好き」や「先生の授業楽しい」と言われることが多くなりました。

　自分の変化を確信し、クラスの子にも自信をもって語るようになりました。

　「朝を大切にしようね！　その日がどんな１日になるかは、朝どんな風に過ごすかで決まるよ！」

　そう子どもたちに何度も語っています。

　他にも、「話し方の学校」で学んだエッセンスが本書にはつめこまれています。

・スピーチの際に原稿を見ながら話してもよい
・自分の中にあふれる思いがあれば伝わるスピーチになる

　これらはまさに、私自身が学び実践してきたことです。自分が実践し、事実を感じ取ってきたことだから、子どもたちにも自信をもって語ることができています。

　この本を手にとってくださった先生方の朝の教室が、素敵な雰囲気になれば幸いです。

目 次

第 1 章

クラスの雰囲気づくりを
目指したスピーチ指導

学校にあふれる強制スピーチ

1 　**強制される朝の日直スピーチ**

　架空の学校の話をします。仮に、A小学校とします。A小学校は毎年4月に校内研究のテーマを決めます。子どもたちの実態から「話す聞く」「伝え合う」ことが課題とわかりました。

　話し合いの結果、校内研究のテーマが「伝え合える子」と決まりました。

　テーマが決まり、研究部会でテーマ達成のための手立てが話し合われました。その結果「毎日朝の時間に全校でスピーチする」ことが決定されました。

次の研究会で、「朝のスピーチ活動」がテーマ達成の手立てと全職員に伝えられました。

　低学年、中学年、高学年ブロックで話し合いをもち、「低学年は30秒中高学年は１分間のスピーチをする」と決定。ここまではとんとん拍子に決まっています。

　でも、問題はここからでした。実際に、「朝の１分間スピーチ」といってもどう指導するかは担任任せです。担任は、自分が小学生の頃にやっていた「日直順にスピーチする」ことにしました。スピーチの内容は子ども任せで、宿題でスピーチ原稿をつくります。子どもは、「先生に言われたから」とそれほど伝えたい内容もないのに、とりあえず原稿をつくります。

　次の日、日直の子がスピーチをして、聞き手が感想を発表します。それで終了です。先生からの指導は特にありません。この繰り返しで、朝のスピーチがされていきます。そして、１分間スピーチは本来の目的を忘れて、ただ単に「朝の時間でスピーチをする」という惰性の時間になっていってしまいました。

ある架空の学校の話をしましたがどうだったでしょうか。もしかしたら
あなたの学校でもこれと似たような出来事があるのではないでしょうか？

　ここで問題にしたいのは、朝の会で強制されたスピーチをクラス全員が
やる必要はあるのかということです。私はやる必要はないと考えています。
「やりたい」と思う子がスピーチをすればよいのです。そして、「やりたい」
と思える子を増やしていくのが教師の仕事でもあると考えています。
　国語の学習でスピーチを強制することはあります。学習内容を定着させ
るために、ある程度の教師の強制力は必要です。でも、朝の会でのスピー
チに強制は必要ないのです。

2　見栄えばかりのスピーチ指導

　学校のスピーチ指導の問題点はもう1つあります。それは、スピーチ指
導が「表現指導」になってしまっていることです。
　声の大きさ、速さ、仕草、目線…など、話す内容ではなく、「話し方」
ばかり指導されます。

もちろん、このような話し方を指導することは大切です。表現力がつけば、自分の思いが伝わりやすくなるのも事実です。でも、見栄えばかりを気にして肝心の「伝えたい内容」が疎かになっていないでしょうか？
　スピーチで一番大切にしたいのは表現力ではありません。

「伝えたいという気持ち」です。
　もっと言うと「伝えたい思いを届け、聞き手が変容すること」です。

　それには、自分の心とスピーチの内容がつながる必要があります。「本当に自分が伝えたい思いは何か？」そんな葛藤があるからこそ、スピーチに魂がこもるのです。そして、そのスピーチを聞いた人が変容していくのです。

　私が素敵だなと思うスピーチは、結婚式での花嫁のスピーチです。決して大きな声でもないし、スピーチを暗記しているわけでもないし、ましてや身振り手振りがあるわけでもありません。でも、聞いている参列者の心に届くスピーチになっています。

　家族に向けてのスピーチが参列者である他人の心にも届くスピーチになっている。これはどうしてでしょうか？
　それは、花嫁の家族に対するあふれる思いが私たち参列者にも伝わってくるからです。

　学校のスピーチが目指すべきは、花嫁のスピーチだと私は考えています。弁論大会で優勝するような話し方を学校のスピーチで目指す必要はありません。
　自分の心と向き合い、葛藤し、言葉を紡ぎ出していく。そこにスピーチ指導の本質があるのです。

3 「スピーチ苦手！」を大量生産していいのか

　4月に次のように子どもたちに聞きます。「みんなの前で話したり、発表したり、スピーチしたりすることって好きですか？　あんまり好きじゃないなっていう人、手を挙げてください。手を挙げても先生絶対怒ったり、嫌な気持ちになったりしないので正直に手を挙げてくれますか？」

　こう聞くと、毎年、半分以上の子が手を挙げます。挙手の数は、学年が上がるほど増える傾向にあります。学校教育が発表嫌い、スピーチ嫌いを生み出してしまっているのです。

みんなの前で
スピーチすることは
好きですか？

　なぜ、スピーチ嫌い（発表嫌い）な子がたくさん生まれてしまうのでしょうか？　ざっと理由をいくつか挙げてみます。

・スピーチ（発表）指導が「表現力」に特化してしまっている
・「スピーチ（発表）してよかった」という経験が圧倒的に足りない
・スピーチ（発表）の機会がそもそも少ない
・大きな声を出さないとやり直しをさせられる

・スピーチ（発表）することが義務になってしまっている

・間違えてもよいと言いながら間違えを許さない雰囲気がある

・スピーチ（発表）すると「聞こえませーん」などと言われてしまう

・スピーチ（発表）を聞くことが苦痛な時間になっている

・だれもスピーチ（発表）を聞いてくれない、または、反応してくれない

　などなど、様々な理由が考えられます。でも、一番の要因は別にあると私は考えています。

　子どもがスピーチ（発表）嫌いになる一番の要因。それは、

教師のスピーチ（発表）に対する考え方が昔の教育観のままだからです。

　あなたが本書を手にとって、この本に書かれていることを実践してくれることは、著者である私にとってこの上ない喜びです。本当にありがたいです。でも、「子どもに発表力をつけたい！」「人前でバンバン発表できる子を育てたい！」と考えての実践なら少し待ってください。

　本書は、子どもに発表力をつけるための本ではありません。クラスの雰囲気づくりのための本です（クラスの雰囲気づくりについては、次頁をご覧ください）。

　クラスの雰囲気をつくることによって、結果的に発表力がつきますし、人前でバンバン話せるような子が育っていきます。

　むしろ、「発表力をつけてやろう」と躍起になって指導するより、効果があるとさえ思っています。

　スピーチ（発表）嫌いを生み出さないためにも、「やり方」だけでなく教師としての「在り方」も本書を通して感じ取っていただければうれしいです。

クラスの雰囲気づくりを目指したスピーチ指導

1 クラスの雰囲気は何から生まれるのか？

　学習中の教室に入るとクラスの雰囲気がすぐにわかります。どこかどんよりと暗い雰囲気のクラス。逆に、やる気のオーラが見えるような明るい雰囲気のクラス。

　授業を45分見ていなくても、子どもの実態がわからなくても、クラスの雰囲気は伝わるものです。

　では、このクラスの雰囲気は何から生まれるのでしょうか？

いくつか要因があると思うのですが、私が一番必要だと思うのは「安心感」です。

　クラスに安心感があるかがクラスの雰囲気をつくる上でとても大切です。

　「教室は間違うところ。たくさん間違えよう！」と、どの学校でもどのクラスでもどの担任でも指導しているはずです。
　でも、実際はどうでしょうか？　間違いを恥ずかしがり発表しない子はクラスにたくさんいるのではないでしょうか？

この問題
わかる人？

　少し厳しい言い方になりますが、これは先生が「言っていることとやっていることが全然ちがう」からです。
　「たくさん間違えよう」と言うのなら「間違えても安心な雰囲気」をつくる手立てが必要です。

　では、「安心感があるクラス」とはどんなクラスなのでしょうか。「安心」という言葉はどこか、ぼんやりとしていてわかりにくいですね。ここで、私が考える安心感のあるクラスについて述べておきます。具体的に言うと、次の3つがあるクラスです。

　これらの３つがある状態にするための１つの手段として、私の提案するスピーチ指導があります。

2　スピーチ指導でクラスの雰囲気をつくる

　どうしてスピーチ指導で「安心感がある」状態を生み出すことができるのでしょうか？

　この問いに答えるためには、スピーチの前提をまずはとらえ直す必要があります。スピーチの前提、それは

　「自分の伝えたい思いが聞き手に伝わる」ことです。

　そう考えると、スピーチをするためには自分の伝えたい「内容」が必要です。人は、本当に伝えたい内容があると他者に伝えたくなります。

　この「伝えたくなる」という気持ちが「挑戦」を生み出すのです。
　スピーチを指導することで挑戦する機会が格段に増えます。

また、スピーチでは「聞き手」も大切になってきます。どんな「聞き方」をするかで、話し手の伝え方が変わってきます。「聞いてくれている」という思いが強くなればなるほど、話し手のスピーチの質は上がります。

　つまり、

　話し手と聞き手が「つながる」ほどよいスピーチになっていくのです。

　そして、人が「伝えたくなる」のは、失敗しても笑われない、チャレンジしたらあたたかく受け入れられるときです。

　失敗しても笑われない、受け入れられるという「承認」があるから伝えたくなるのです。

　こうしてみていくと、スピーチ指導をすることで「挑戦」「つながり」「承認」の３つの状態をつくり出し、クラスに安心感を生み出すことが可能なのです。この安心感がクラスの雰囲気をよくしていくのです。

もう少し、安心感のあるクラスについて踏み込んで考えていきます。第2章で書かれている内容は、スピーチに必要な種を育てる活動です。

　第2章だけ読むと「これってスピーチ活動なの？」と感じる方もいらっしゃるかもしれません。たしかにその通りです。これらの活動は厳密にはスピーチ活動とは呼べないかもしれません。

　スピーチ活動はあくまで手段です。スピーチ活動を通して、「挑戦」「つながり」「承認」を生み出し、安心感のあるクラスになっていくのが目的です。
　第2章では、スピーチ活動の種類として次の4つが紹介されています。

1　心に浮かんだ言葉を伝える
2　殻を破る
3　言葉でつながる
4　反応を楽しむ

　1と2は主に「挑戦」を生み出すための活動で、3と4は主に「つながり」と「承認」を生み出す活動です。第2章のスピーチ活動を実践することで、

「自分の心と対話するっていいな」
「自分の伝えたい内容を素直に表現していいんだ！」
「伝えることって楽しい！」
「自分の話を聞いてくれるってすごくうれしい」

　など、スピーチをする上で大切な思いが育ってきます。そして、そんな思いが育つことで、「挑戦」「つながり」「承認」がある状態になり、クラ

スに安心感が生まれるのです。

　第３章で書かれている内容は、聞き手に特化した内容です。「挑戦」「つながり」「承認」を生み出すためにはどういう聞き方をすればよいかがメインの内容です。第３章で示している聞き方は以下の６つです。

　１　「聞こえません！」は厳禁
　２　形式的な「拍手」はやめる
　３　教師が一番よく聞く
　４　どんな聞き方が「よい聞き方」かを合意形成する
　５　「反応レベル」を上げていく
　６　「言葉のプレゼント」をリレーする

　１・２・３は教師の意識を変えることで、４・５・６は子どもの意識を変えることで「挑戦」「つながり」「承認」を生み出していくことをねらっています。
　また、第３章で書かれている内容はスピーチ活動以外でも使える内容となっています。

　第４章では、本格的なスピーチ指導について紹介しています。「挑戦」「つながり」「承認」を大切にしながら、クラスでの出来事が自分ごととしてとらえられるスピーチ活動となっています。

　「伝えたい」思いをスピーチの内容にするためには、自分と対話する必要が出てきます。この対話が「自分とつながり生き方を見つめ直す」ことにつながります。
　そして、自分との対話を通して、自分の幸せを考えたり、自分の幸せを実感したりすることが最終目標になります。

第 2 章

クラスの雰囲気をつくる
スピーチ指導

ファーストステップ

「伝えるって楽しい」が スピーチの第一歩

1 教師が「伝えたくなる雰囲気」をつくっていますか？

　クラスの雰囲気を最初につくっていくのは担任であるあなたです。クラスの子に挑戦を促すのも承認することも、子ども同士のつながりをつくることもすべてあなたが最初は意図的につくっていくのです。

　そこで必ず必要になってくるのは、あなたのあたたかな表情です。当たり前ですが、あなたが笑顔でいることはとても大切なことです。こわい顔で「挑戦しよう！」と言われても挑戦しようと思わないですよね。

次に言葉づかい。どんな言葉をかけるかがクラスの雰囲気をつくっていきます。教師主導の「強制を促す言葉がけ」では、安心感を生み出すことは難しいです。

　特に「全員」に関わってくる言葉には注意が必要です。たとえば、次のような言葉でも不安に思う子がいます。

「あと３人発表すれば、全員発表達成ですね！」
「30人中28人が発表しましたね」
「まだ、発表していない人発表しましょう！」

　これらの言葉は、発表をしていない子にとってはプレッシャーになりやすいものです。さらに、同調圧力が働き「発表しなきゃダメだ」という雰囲気が生まれやすくなります。

　あなたが「全員に発表してもらいたい」という気持ちをもつことは大切です。でも、その思いが強すぎると子どもは「発表したい」ではなく「発表しなきゃ！」になってしまいます。あなたの言葉がけはそれほど重要なのです。

　ここまで、教師の笑顔や言葉づかいの大切さを書いてきました。でも、いつも授業中に意識するのはなかなか難しいです（それができれば最高なのですが…）。

　そこで、教師が笑顔になりやすく、子どもが「発表したい」「伝えたい」と自然と思えるスピーチ活動を20用意しました。

　P.30より朝の５分でできて、子どもの「伝えたい」を生み出していくスピーチ活動を紹介していきます。

2 伝えるのが楽しくなる！　朝の5分でできるスピーチ活動20

　スピーチ活動を紹介する前に、このスピーチ活動は何のために行うのか、さらに、このスピーチ活動を通してどんな子になってほしいのかを明確にしておきます。つまり、目的や目指すべき方向性を明確にしておくということです。

　この目的や目指すべき方向性を忘れてしまうと、スピーチ活動がただの楽しいレクになってしまいます。

● 「何のために行う活動なのか」（目的）

　では、まず「何のために行う活動なのか」（目的）についてです。大前提として、「挑戦」「つながり」「承認」を生み出し、安心感のあるクラスになっていくのが目的です。そのために、スピーチ活動を大きく4つの種類に分けています。

1　心に浮かんだ言葉を伝える
2　殻を破る
3　言葉でつながる
4　反応を楽しむ

　それぞれに目的があります。
　次ページから紹介する「目的」を定期的に読み返しながら、スピーチ活動を実践していただければうれしいです。

1 心に浮かんだ言葉を伝える

「自分の心の中で浮かんだ言葉を大切にする」ことをねらいとしています。

スピーチ指導の第一歩として大切にしている指導です。絵や物、言葉などを見て何か感じる。その「何か」を言葉にします。

たとえば、お花見の写真を見て心に浮かんだことを言葉にします。「桜がきれい」「楽しそう」「お酒を飲んでいる」など、パッと思いついた言葉をそのまま伝えます。それが「心に浮かんだ言葉」です。そして、子どもがつむぎ出した心に浮かんだ言葉を次のように価値づけます。

「自分が自分と向き合って紡ぎ出した言葉」だから大切にしてほしい。

ここは非常に大切なところです。スピーチの大前提は、「自分の伝えたい思いを伝える」ことです。それには、自分の心の中で感じたことと向き合う必要があります。そして、その向き合った言葉をあなたが大切に価値づけることで、子どもの意識は自分の心へと向かうのです。

この価値づけがないと、この活動はスピーチ活動ではなく、ただのレクになってしまいます。

| ポイント |

● 自分の心に浮かんだ言葉を大切にする

● 「心に浮かんだ言葉を大切にする」よう教師が価値づける

● 「自分の伝えたい思いを伝える」ことがスピーチの第一歩

2 殻を破る

　「楽しいスピーチ」をしたり見たりすることを通して、「何だか楽しそう」と感じ、「前に出てスピーチしたい」と思えるようになることをねらいとしています。

　この活動で大切なのは「絶対に強制しない」ということです。「やってみたい」子だけがやればよいのです。スピーチや発表を苦手と感じる子の多くは、人前に立つことが「恥ずかしい」と思っています。

　その恥ずかしさは、すぐになくなるものではありません。クラスの雰囲気がよくなるにつれ、少しずつ解きほぐされていくものです。

　このスピーチ活動は、恥ずかしいという気持ちを解きほぐしていく活動でもあるのです。

　それは、クラスの友達が楽しそうにスピーチしている姿を見ることだったり、スピーチしている子をみんなが受け入れている姿だったりします。

　だから、恥ずかしさを乗り越えて「私もやってみよう！」と思って「挑戦」するスピーチはとても価値があるのです。そして、

　「挑戦」する子が増えるほど、安心感のあるクラスになっていくのです。

| ポイント |

- スピーチを苦手と感じている子のためにも、スピーチは強制しない
- 「私もやってみよう」と思い「挑戦」するスピーチはとても価値がある
- 「挑戦」する子が増えるほど、安心感のあるクラスになっていく

3 言葉でつながる

　スピーチを通して、友達とつながり、「相手の意見を大切にしよう」と
実感できることをねらいとしています。

　この活動の土台になるのが、「いいね、そうしよう」の活動です。相手
のお願いに対して、「いいね」で答える。これが、相手の意見を大切にす
る第一歩となります。この考え方は、インプロ（即興演劇）の「イエス
レッツ」という考え方を取り入れています。

　相手の意見（インプロではオファーといいます）に対して、肯定的にと
らえる。「自分の意見を受け入れられた」と実感できるから、次の活動に
自信をもって取り組むことができるのです。
　安心感のあるクラスには「つながり」があると第1章で述べました。そ
うです。相手の意見を大切にすることが「つながり」を生み出す第一歩と
なるのです。

　「相手の意見を大切にする」。この感覚こそが「つながり」を生み出し
「安心感のあるクラス」になっていくのです。

| ポイント |

● 「自分の意見を受け入れられた」と実感できると次の活動に自信をもって取り組
　める
● 「相手の意見を大切にすること」で「つながり」を生み出し、安心感のあるクラ
　スになっていく

4 反応を楽しむ

　スピーチする子が、クラスみんなに受け入れられていると実感できることをねらいとしています。

　スピーチ指導では、どうしてもスピーチする側の指導に特化しがちです。声の大きさ、速さ、目線といった表現力に関わる内容がそうです。また、スピーチの構成などもよく指導されます。
　この活動は、スピーチする側ではなく、スピーチを聞く側に焦点をあてているのが大きな特徴です。
　スピーチを聞く子たちには「プラスの感情」で聞くことを伝え続けます。そうすると、スピーチをした子は「自分が受け入れられた」と実感できます。

　この「自分は受け入れられた」という感覚が、安心感のあるクラスをつくり出す上では必要なのです。

　聞き手がスピーチを「どう聞くか」によって、スピーチする子の気持ちは大きく変わっていくのです。

| ポイント |

- ●スピーチの聞き手に焦点をあてて、教師は声かけをしていく
- ●「自分は受け入れられた」という感覚が安心感のあるクラスをつくり出していく

● 「どんな子になってほしいのか」（目指すべき方向性）

　これまで、「何のために行う活動なのか」（目的）について書いてきました。ここからは、このスピーチ活動を通して、「どんな子になってほしいのか」（目指すべき方向性）について書いていきます。
　結論から書くと、私は次のような子になってほしいと考えています。

　1　「挑戦」しようと思える子
　2　「笑顔」を大切にしようとする子
　3　「利他」の気持ちをもとうとする子

「挑戦」「笑顔」「利他」これは、私のクラスの学級目標でもあります。クラス運営の指針と言ってもいいかもしれません。
　詳細を書くのは、この章の趣旨と少しズレてしまうので省きますが、ここで、私が何を言いたいかというと、

　朝のスピーチ活動を通してどんな子になってほしいのか

というのを、あなたにも考えてほしいということです。
　私の場合は、このスピーチ活動で「挑戦するのって楽しいな」「挑戦してみようかな」と思ってもらえる子になってほしいですし、「みんなと笑顔でいる空間って何かいいな」と思ってもらえる子になってほしいです。また、「相手のために何かしたい！」と思ってもらえる子にもなってほしいです。
　あなたの「大切な思い」は、きっとクラスの子たちにも伝わります。ぜひ、朝のスピーチ活動を実践する前に考えてくださるとうれしいです。

写真で一言

1　心に浮かんだ言葉を伝える

目的

　テレビに写っている写真を見て、心の中で浮かんだ言葉を「伝えたい」と思い、スピーチできるようになることが目的です。また、心の中で浮かんだ言葉はスピーチの種であり、自分が伝えたい内容を紡ぎ出すための第一歩であることを伝えます。

教師の言葉がけ

　①お花見の写真です。この写真を見てどんなことを思いましたか？

　②心に浮かんだ言葉をスピーチしてもらいます

　③難しく考えずに、心の中で浮かんだ言葉を「一言」で伝えれば大丈夫です。一言でも、言えれば立派なスピーチですよ！

この後、「どんなことを思ったか」考える時間をとります。難しく感じているようならあなたが最初に「たくさんの人がいます」などと一言で例示してあげます。

😊 ④スピーチしたい人はその場で立ってください
😊 ⑤順番に一人ずつスピーチをしてください

スピーチはやりたい子だけがやります。強制はしません。それよりも、立った子を価値づける方が大切です。私は、「勇気の炎を心の中で燃やして、挑戦しようと思ったんだね。ありがとう。その気持ちがうれしいです」と感謝の気持ちを伝えています。
また、「『心に浮かんだことを言葉にして伝える』ってすごく素敵なことだね。これがスピーチの第一歩です」と自分と向き合って紡ぎ出した言葉を価値づけます。

😊 ⑥スピーチを聞いてみての感想を発表してください

スピーチをしていない子の中で、感想を発表できる子は発表してもらいます。感想発表では、「Aくんのスピーチがたしかに一って思った！！」や「Bさんの発想は私にはなかった」など自分の心に浮かんだ言葉と比べて「同じ」「ちがう」という気持ちを大切にします。考えのちがいを認め合うことが、「つながり」を生み出すきっかけになります。

| ポイント |

- 最初は教師が例示のスピーチをする
- スピーチをしようと挑戦した子を価値づけていく
- 感想発表の場は、考えのちがいを認め合う場とする

応用例

　慣れてきたら、お題になる写真をあなたが決めるのではなく、子どもに決めてもらいます。

　私は係活動に「スピーチ係」をつくり、スピーチ係の子にお願いしています。スピーチ係の子は、朝の会がはじまる前に自分のタブレットで写真を検索して、お題を探します。

　教師から子どもへとバトンタッチするときは以下のように言葉がけをします。

教師の言葉がけ

😊 ①今日からＡさんが先生の代わりにスピーチのお題をテレビに映します

😊 ②あとのやり方は今までとまったく同じです

😊 ③お題を出さなくてよくなったので先生もスピーチに参加するときがあります。そのときはあたたかく見守ってくださいね！

毎日とは言いませんが、可能な限りあなたもスピーチに参加します。スピーチに参加しないときも、なるべく「うわー！　先生も同じこと思った！」「その考え方は面白いね！　先生にはない視点だなー！」などと反応して盛り上げます。

👓 ④では、今日のお題をＡさん発表してください

お題を発表するときは次のように言えばよいことも教えます。「今日のお題は、お寿司です。この写真を見て心に浮かんだことをスピーチしてください！」

このように、慣れてきたら活動の主導権を子どもへと移していきます。これは他の19のスピーチ活動でも同じです。2〜3回も経験すれば、あなたがいなくてもスピーチ活動をすることができるようになります。

子どもに主導権を移していくことで、あなたの自由度が増します。スピーチに参加したり、スピーチの内容にプラスの反応をして驚いたり、あなたが一番このスピーチ活動を楽しむ姿勢をぜひ見せてあげてください。
あなたが楽しそうにやっている姿が安心感を生み出し、クラスの雰囲気をつくっていきます。

| ポイント |

- スピーチ係をつくり、スピーチ活動を子ども主導で進められるようにする
- 教師がスピーチに参加したり、スピーチの内容にプラスの反応をしたり驚いたりすることで、安心感を生み出していく
- 他の19のスピーチ活動でも同じように子どもに主導権を移していく

物で一言

1　心に浮かんだ言葉を伝える

目的

　教室にある物を見て、心の中で浮かんだ言葉を「伝えたい」と思い、スピーチできるようになることが目的です。また、「人とちがう見方をしていても大丈夫なんだ！」と人のスピーチを聞くことを通して感じとれるようになることも大切にしています。

教師の言葉がけ

😊　①黒板消しです。この黒板消しを使ってスピーチしてもらいます

😊　②黒板消しを「何かに見立て」てもいいですし、黒板消しを使って「何かをやって」もかまいません

😊　③この黒板消しは「何に見えますか？」また「何に使えそうですか？」

　ここで少し考える時間をとって発表してもらいますが、子どもからの反応が悪そうなら、次のように例示します。

④たとえば、黒板消しを「これは、電車です」と電車に見立ててもいいですし、黒板消しを頭の上に乗せて「私は、侍です」と黒板消しをちょんまげに見立てて何かをやってもかまいません

　例示で大切なのは、「何だ、そんなのでいいんだ！」と子どもに思わせることです。だから、ここでは間違っても「これは、電車です。なぜ、電車に見えたかというと、茶色と紺色の組み合わせが電車の色に似ていたからです。また……」のようなスピーチをあなたがしてはいけません。
　スピーチは一言だけで充分です。この活動の目的は、あくまでも、心の中で浮かんだ考え方をそのままスピーチできるようになることです。欲張って指導しすぎないよう気をつけましょう。

⑤スピーチしたい人は前に出てきてスピーチします
⑥一人ずつスピーチをしてください。一人終わったら一人前に来ます
⑦スピーチを聞いてみての感想を発表してください

　感想発表では、考え方のちがいを楽しむようにします。物を何かに見立てる子、物を使って何かをやる子、いろいろな見方があることで楽しい活動になります。

| ポイント |

● 教師の例示は「そんなんでいいんだ」と子どもに思わせることが大切
● 心に浮かんだ考え方をスピーチできたことを価値づけていく
● 感想発表では、考え方のちがいを楽しむようにする

テーマで一言

1　心に浮かんだ言葉を伝える

目的

　与えられたテーマから、心の中で浮かんだ出来事を「伝えたい」と思い、スピーチできるようになることが目的です。

教師の言葉がけ

😊　①今日のスピーチのテーマは「学校」です

😊　②学校と聞いて心に浮かんだことをスピーチしてもらいます

😊　③授業のこと、休み時間のこと、勉強のこと、友達のことなど、学校に関することなら、どんなことでも構いません

　中には「授業が6時間あるのがつらい」や「休み時間が短くて嫌」などのマイナスの出来事を言う子がいます。

　その子たちの気持ちに寄り添いつつ、次のように言います。

「授業がつらいとか、休み時間が短くて嫌という正直な気持ちとてもわかります。先生も小学生のとき、そう思っていました。でも、それを言葉に出してみんなの前で言うかどうかは考えてほしいなと思います。

　スピーチは、自分の心にある思いを伝えることが大切です。でもその思いがマイナスの思いだったら聞き手はどう思うでしょうか？　マイナスなことは聞きたくないと思う子もいると思います。

　だから、スピーチでは常に相手がどう思うかを考えてスピーチするようにします」

😊　④スピーチしたい人はその場で立ってください
😊　⑤順番に一人ずつスピーチをしてください

　「友達と遊べて楽しいです」や「勉強をするのが好きです」などと一言で言ってもらいます。このとき「友達と遊べる」や「勉強が好き」などと単語だけにならないように気をつけます。

😊　⑥スピーチを聞いてみての感想を発表してください

│ポイント│

● 聞き手のことを考え、スピーチの内容を考えることが大切
● マイナスの内容はできる限りスピーチをしないようにする
● スピーチするときは「○○○○○○○です」と文章にする

続けて一言

1　心に浮かんだ言葉を伝える

目的

　友達のスピーチを聞いて、心の中で浮かんだ言葉を「伝えたい」と思い、スピーチできるようになることが目的です。また、次々とスピーチの題材が変わるので、友達のスピーチ内容を聞くことも、スピーチでは大切な技術であることも伝えます。

教師の言葉がけ

- ①スピーチのテーマは「りんご」です　＊テーマは何でもOKです
- ②りんごと聞いて心に浮かんだ出来事をスピーチしてもらいます
- ③ただし、次にスピーチする人は前の人の言った言葉から心に浮かんだ言葉をスピーチしてもらいます

言葉だけだと伝わらないので、ここでも例示を示します。たとえば次のように教師と子どもで例示します。

④Aさん、前に来てもらっていいですか。（Aさんが前に来る）仮にAさんが「食べるとおいしいです」とスピーチしたとします。次にスピーチする子は「食べるとおいしいものは何かな？」と考えます。Bさん前に来てもらっていいですか。（Bさん前に来る。Aさん席に戻る）Bさんが「食べるとおいしいのは焼肉です」とスピーチしたとします。今度はCさんが「焼肉」と聞いて心に浮かんだことをスピーチします

このように実際にやってみることで、子どもたちはやり方をすぐに理解できます。教師が長々と説明するより、うまくいかなくてもいいからまずはやってみる。あらゆる場面で応用ができる指導です。

⑤スピーチしたい人は前に出てきてスピーチします
⑥一人ずつスピーチをしてください。一人終わったら一人前に来ます

次々とスピーチの題材が変わっていくので、難しく感じる子がいると考えられます。「無理しなくて大丈夫だよ。友達のスピーチを聞くのもスピーチでは大切な技術だからね」と安心させてあげます。

⑦スピーチを聞いてみての感想を発表してください

| ポイント |

- スピーチの例示をするときは、実際にやってみると理解しやすい
- 相手のスピーチをしっかり聞くことも、スピーチでは大切な技術であることを伝える

感謝の一言

1　心に浮かんだ言葉を伝える

目的

　伝えたい相手を明確にして、心の中で浮かんだ感謝の気持ちを「伝えたい」と思い、スピーチできるようになることが目的です。

教師の言葉がけ

①今日は「お友達に対しての感謝」をテーマにスピーチします

②友達にやってもらってうれしかったことや、感謝していることをスピーチします

③もしくは、クラスの友達の様子を見ていて、がんばっていることやすごいなと思うことでも大丈夫です

④だれにどんなことを伝えたいか考えます

　「自分の伝えたい思いを相手に届ける」ことがスピーチでは重要です。今回は「友達」としましたが、お母さん、お父さん、習い事のコーチ、先

生などだれでも構いません。「だれに伝えるか」よりも「何を伝えるか」が大切なのです。「相手のことを想像して言葉を紡ぎ出す」ことに価値があるのです。そのことを子どもたちにもしっかりと伝えます。

😊 ⑤スピーチで大切なのは、「自分の思いを相手に伝える」ことです。今、あなたが「だれに伝えようか、何を伝えようか」と考えていることが、実はとても価値があります。自分の心と対話しながら生まれた言葉は、たった一言でも、相手に届く言葉になります

😊 ⑥スピーチしたい人は前に出てきてスピーチします

😊 ⑦一人ずつスピーチをしてください。一人終わったら一人前に来ます

　スピーチは一言で充分です。たった一言でも、スピーチが終わるたびに自然と拍手が起こる場合があります。そんなときはあなたが一緒に拍手をしてスピーチ後の余韻を楽しみます。同時に「心に届く素敵なスピーチでしたね」と価値づけることもします。

😊 ⑧スピーチを聞いてみての感想を発表してください

| ポイント |

● 「だれに伝えるか」「何を伝えるか」を考えていることに価値づける

● たった一言のスピーチでも相手の心に届くスピーチになる

● 拍手が自然と起きたら教師は一緒に拍手をして余韻を楽しむ

みんなでしゃべろう

2　殻を破る

目的

　　グループをつくり、グループみんなで前に立って話をする経験を通して、「話をするのって楽しい」と思えるようになることを目的としています。

教師の言葉がけ

①今回のスピーチのめあては「前に立ってスピーチする」ことです

②そうは言っても、いきなり前に立って一人でスピーチするのは、なかなか難しいですよね

③だから、４〜６人のグループをつくって、グループ全員で前に立ってスピーチしてもらいます

④スピーチの内容は、先生のしゃべった言葉をそのまま真似して言ってもらいます。たとえば、先生が「おはようございます」と言った

ら、グループみんなで声をそろえて「おはようございます」と言います

😊 ⑤今から、4〜6人のグループをつくります。グループで相談してスピーチするかどうかを決めてください

　「一人では恥ずかしいけど友達と一緒ならやる」と思う子は、案外多いものです。ここでは、少し時間はかかりますが、グループをつくる時間をとります。そして、グループで相談することで、普段スピーチをしていない子が「やってみたい」と思えるきっかけになるようにします。

😊 ⑥スピーチをしたいグループは順番に前に出てきてください
😊 ⑦先生が話す言葉を真似してください

　あなたの話す言葉は、今日の天気や今日の時間割の紹介など子どもにとって身近な内容がよいです。また、気をつけたいのは時間です。長くても1グループ30秒までとします。「前に立ってスピーチできた」というだけで、目的は達成です。「えっ、もう終わり！？　もっとやりたい！」と思うくらいが丁度よいです。

😊 ⑧スピーチを聞いてみての感想を発表してください

| ポイント |

- グループをつくる時間を必ずとって、スピーチをするか相談してもらう
- スピーチの時間は長くても30秒にして「もっとやりたい」と思わせる
- 普段スピーチしない子がスピーチできたことを価値づける

めちゃくちゃ自己紹介

2　殻を破る

目的

　自己紹介をめちゃくちゃな言葉にすることで、楽しい雰囲気をつくり「前に出るのって楽しい」や「前に出てやってみたい」と思えるようになることを目的としています。

教師の言葉がけ

①今日のスピーチは自己紹介をしてもらいます

②自己紹介といっても普通の自己紹介ではありません。自分の好きな食べ物や好きな教科などをめちゃくちゃな言葉でしゃべってもらいます

③たとえば、「私の好きな食べ物は○○です」という言葉をめちゃくちゃな言葉にしてスピーチしてもらうということです

言葉だけだと伝わりにくいので、実際に例示してやってみます。次のように例示します。

😊 ④これから先生が実際にやってみます。「ボライノ　マタニクイハヤバンナカイ　ノス」。今、「私の好きな食べ物は○○です」をめちゃくちゃな言葉で言ってみました。先生は、何の食べ物が好きと言ったでしょう？

実際にスピーチをやるときはジェスチャーをつけながらしゃべります。言葉ではなく、「ジェスチャーで伝わる」ことを体験することがもう1つの目的でもあります。また、クイズ形式にすることで「よりスピーチを聞く」ようになるので、この活動では積極的に取り入れていきます。

😊 ⑤スピーチしたい人は前に出てきてスピーチします
😊 ⑥一人ずつスピーチをしてください。一人終わったら一人前に来ます

慣れるまでは、好きな食べ物・教科など、ある程度しぼって、スピーチするほうがやりやすいです。慣れてきたら「好きなもの」など、自由度を増やします。めちゃくちゃな言葉をつくるのが難しそうなら、「パパパパ」など同じ言葉でもよいことを伝えます。

😊 ⑦スピーチを聞いてみての感想を発表してください

| ポイント |

- ●「ジェスチャーで伝わる」ことを体感できるようにする
- ●クイズ形式にして「スピーチを聞く」ことに意識を向けさせる
- ●慣れるまでは「好きな食べ物」などスピーチのテーマを絞る

喜怒哀楽自己紹介

2　殻を破る

目的

　自己紹介を感情豊かに表現することで、楽しい雰囲気をつくり「前に出るのって楽しい」や「前に出てやってみたい」と思えるようになることを目的としています。

教師の言葉がけ

😊 ①今日のスピーチは自己紹介をしてもらいます

😊 ②自己紹介といっても普通の自己紹介ではありません。感情豊かに自己紹介をしてもらいます

😊 ③たとえば、「私の名前は○○○○です」と名前を言うときに、うれしそうに言ったり、悲しそうに言ったり、怒りながら言ったりしてもらいます

あなたが一度楽しそうにやってみると「やってみよう」と思う子がでてきます。次のように率先してやります。

😊 ④先生がまずはやってみますね。「うれしい・楽しい・悲しい・怒りの中でどの感情で自己紹介してほしいですか?」（子ども「怒り」）それでは、怒りながら名前を言ってみますね。(怒った表情と声で)「私の名前は高橋優です」

😊 ⑤スピーチしたい人は前に出てきてスピーチします

😊 ⑥一人ずつスピーチをしてください。一人終わったら一人前に来ます

　慣れるまでは、「私の名前は○○○○○です」と一言だけスピーチするようにします。慣れてきたら、続きを考えて言える子は言うようにします。

　また、喜怒哀楽のどの感情でスピーチするかは、最初あなたが決めます。最初は「喜び」など、プラスの感情でスピーチした方がクラスの雰囲気はよくなります。

　クラスがよい雰囲気なら、自分で決めたり、クラスの子から希望を聞いたりして決めるようにします。自己紹介のスピーチも長くします。

😊 ⑦スピーチを聞いてみての感想を発表してください

| ポイント |

- ●教師が楽しそうにスピーチする。その際、どの感情でやってほしいか子どもにアンケートをとるとさらに盛り上がる
- ●慣れるまでは、一言だけのスピーチにする。また、どの感情でスピーチするかも教師が決める

先生！　聞いてください！

2　殻を破る

目的

　先生役の子に向かって「聞いてほしいこと」を訴えるスピーチをしたり、それに対してプラスの言葉がけを先生役の子がしたりすることによって、「前に出るのって楽しい」や「前に出てやってみたい」と思えるようになることを目的としています。

教師の言葉がけ

①今日のスピーチは「先生役の子」に訴えるスピーチをします

②スピーチする子は、最初に「先生！　聞いてください」と言います

③先生役の子は「どうしたの？」と聞きます。その後に何かを訴えるスピーチをしてもらいます

　説明だけでは理解するのは難しいので、一度実際にやることをお勧めします。次のようにやります。

④Ａさん前に来てください。Ａさんは先生役です。「どうしたの？」
と聞いてくださいね。先生はスピーチをする人をやります

教師　　　　　：先生！　聞いてください
先生役のＡさん：どうしたの？
教師　　　　　：今日の給食がカレーで幸せなんです！

　気をつけたいのは、訴えるスピーチは「プラスの出来事」に限定することです。ここで、マイナスのスピーチをすると、ふざける子が出たり、クラスの雰囲気が悪くなったりする場合があります。また、訴えた後に、「それはよかったね！」などと先生役がプラスの返答をするのもよいです。

⑤先生役をしたい人はいますか？　＊一人指名して先生役を決める
⑥スピーチする子は前に出てきて先生役の子に向かってスピーチします
⑦一人ずつスピーチをしてください。一人終わったら一人前に来ます

　慣れてきたら、先生役の子に「それはよかったね」の後に「カレーはおいしいからね！」などとプラスの一言を付け加えてもらいます。

⑧スピーチを聞いてみての感想を発表してください

│ポイント│

- ●訴えるスピーチは「プラスの出来事」に限定する
- ●訴えた後に「それはよかったね！」と先生役がプラスの返答をする
- ●先生役は「それはよかったね」の後に一言プラスの言葉を付け加える

スピーチ活動例 No.10

全力スピーチ

2　殻を破る

目的

　全力でスピーチすることで、楽しい雰囲気をつくり「前に出るのって楽しい」や「前に出てやってみたい」と思えるようになることを目的としています。

教師の言葉がけ

😊 ①今日のスピーチは「全力スピーチ」です

😊 ②言葉の通り、全力でスピーチをしてもらいます

😊 ③自分が出せる一番の声の大きさや、表情、ジェスチャーをします
　　スピーチの内容はどんな話題でもよいのですが、次のスピーチの型
　　を使っても構いません

50　　第2章　クラスの雰囲気をつくるスピーチ指導　ファーストステップ

私が大好きなもの。それは（　　　　　　　　　　　　　　　　）です。
なぜなら、（　　　　　　　　　　　　　　　　　　）からです。
でも、（　　　　　　　　　　　　　　　　　　　　　　　）。
さらに、（　　　　　　　　　　　　　　　　　　　　　　）。
しかし、（　　　　　　　　　　　　　　　　　　　　　　）。
私は（　　　　　　　　　　　　　　　　　）が大好きです。

　このスピーチの型をそのまま使ってもよいし、少し変化させて使っても
よいです。この活動では、あまりスピーチ内容についてはこだわらないよ
うに子どもに伝えます。

④スピーチしたい人は前に出てきてスピーチします
⑤一人ずつスピーチをしてください。一人終わったら一人前に来ます

　この活動でのスピーチは即興でやった方が楽しい活動です。「失敗が当
たり前」という雰囲気をあなたが演出することが大切です。

⑥スピーチを聞いてみての感想を発表してください

| ポイント |

● スピーチの内容にあまりこだわらないようにする。それよりも、全力で表現す
　る楽しさを感じ取ってもらう
● スピーチは即興でやる。失敗することを楽しむ雰囲気をつくる

いいね、そうしよう

3　言葉でつながる

目的

　友達の提案する内容に「いいね、そうしよう」とプラスの返答をすることを通して、友達とつながり、相手の意見を大切にしようとする態度を育てることを目的としています。

教師の言葉がけ

①今日のスピーチのめあては「相手の意見を大切にする」ことです。どうやったら「相手の意見を大切にする」ことができるかを今から説明します

②まず、4～6人のグループをつくります

③次に、グループをつくったら、スピーチをする子を一人だけ決めます。スピーチと言っても一言だけですから、簡単です

　この後、あなたがやり方を例示します。次のように例示します。

④たとえば、スピーチする子が「よし！ みんなでジャンプしよ！」と言ったとします。他の子は「いいね、そうしよう」と言ってグループ全員でジャンプをします。ジャンプした後、また、スピーチする子が「ねぇ、みんなでジェットコースター乗ろう！」と言い、「いいね、そうしよう」と言ってジェットコースターを乗る真似を全員でします

⑤やってみたいグループは順番に前に出てきてください

⑥スピーチする子は、さっき先生がやったように2回、グループの子にお願いしてください。では、どうぞ

「鼻をほじろうよ！」など、明らかに不快なお願いを出す子がいたら、あなたの方でストップをかけます。相手が「楽しくなるお願い」をするようアドバイスします。また、「いいね・そうしよう」の声がそろうと一体感が増します。

⑦スピーチを聞いてみての感想を発表してください

「一緒にやっているのが楽しそうだった」など、お願いを受け入れることを楽しんでいる感想を取り上げて価値づけるようにします。「友達とつながる楽しさ」を価値づけていくことを、この活動では大切にしています。

| ポイント |

- 明らかに不快なお願いを出す子がいたら、「相手が楽しくなるお願い」をするよう、アドバイスする
- 感想発表では「友達とつながる楽しさ」を価値づける

はい、プレゼント

3　言葉でつながる

目的

　架空のプレゼントを渡していくことを通して、友達とつながり、相手の意見を大切にしようとする態度を育てることを目的としています。また、「どんなプレゼントを渡したのか」をスピーチ後に確認することで、相手と自分の考えのちがいを楽しむことも目的にしています。

教師の言葉がけ

😊 ①今日のスピーチのめあては「スピーチをつなげる」ことです

😊 ②4〜6人のグループをつくって、スピーチをつなげます

😊 ③スピーチをつなげると言っても、ただつなげるだけではありません。「何のプレゼントかを想像しながら」スピーチをつなげるようにします。どうやるかはグループをつくった後に説明しますね

　実際に、1グループ前に出てきてもらって例示をします。

④グループの中で一人はプレゼントを渡す人です。今回はＡさんをプレゼントを渡す人にします。Ａさんはどんなプレゼントにするか考えます。たとえば、シャーペンをプレゼントするとしたら、手で何かを書く仕草をします。そして、「はい、プレゼント」と言って隣のＢさんにプレゼントを渡します。Ｂさんは、Ａさんの仕草から「何のプレゼントなのか」を予想して、スピーチします。「うわー素敵なシャーペン。ほしかったやつだー！」などと言って、Ｃさんにプレゼントを渡します。ＣさんはＢさんのスピーチを受けて「そうそう！　この赤色がなんとも言えずかっこいいんだよね」とスピーチをつなげて、Ｄさんに渡します。Ｄさんも同じようにスピーチをつなげていきます。

　プレゼントは、小学生がもらえる「ゲーム」「ケーキ」など現実的なものがよいです。「新幹線」など非現実的なプレゼントだと、スピーチしにくくなります。

⑤やってみたいグループは順番に前に出てきてください
⑥それでは、プレゼントを渡してスピーチをつなげてください

　スピーチ後に「何のプレゼント」だったのかを確認します。

⑦スピーチを聞いてみての感想を発表してください

| ポイント |

- スピーチする子は「うれしいな！　ほしかったんだー」などとプラスの言葉を言うようにする
- プレゼントは、小学生がもらえる「ゲーム」「ケーキ」など現実的なものにする

あいうえおスピーチ

3　言葉でつながる

目的

　「あいうえお」でスピーチをつなぐことを通して、友達とつながり、相手の意見を大切にしようとする態度を育てることを目的としています。また、グループでスピーチを完結させることで、グループの一体感を高めることも目的にしています。

教師の言葉がけ

- ①今日のスピーチのめあては「スピーチをつなげる」ことです
- ②4〜6人のグループをつくって、スピーチをつなげます
- ③スピーチをつなげると言っても、ただつなげるだけではありません。「あいうえお」でスピーチをつなげるようにします。どうやるかはグループをつくった後に説明しますね

グループをつくった後、あなたがやり方を例示します。次のように例示します。

④たとえば、だれかが「アイスがおいしい季節になってきました」と言ったとします。次に言う子は、「い」から始まる言葉でスピーチをつなげます。「椅子に座ってアイスを食べると落ち着きますね」。そして、次の子は「う」から始まる言葉でスピーチをつなげていきます

4人グループでスピーチをすれば「え」までのスピーチになり、6人グループなら「か」までスピーチすることになります。慣れるまでは、グループで少し時間をとり、考える時間をとってからスピーチするようにします。

⑤やってみたいグループは順番に前に出てきてください
⑥それでは、「あいうえお」順にスピーチをしてください

あいうえお順のスピーチに慣れてきたら、次のようにして発展させていきます。
・「あいうえお」ではなく「かきくけこ」や「さしすせそ」から始める
・最後にスピーチする子は、ハッピーエンドにしてスピーチを終わらせる

⑦スピーチを聞いてみての感想を発表してください

| ポイント |

●慣れてきたら「あいうえお」からではなく、「かきくけこ」や「さしすせそ」から始める
●最後にスピーチする子は、ハッピーエンドにしてスピーチを終わらせると「つながり」感が増す

なりきりスピーチ

3　言葉でつながる

目的

　物になりきってスピーチをつなげていくことを通して、友達とつながり、相手の意見を大切にしようとする態度を育てることを目的としています。

教師の言葉がけ

①今日のスピーチのめあては「スピーチをつなげる」ことです

②「スピーチをつなげる」といってもただ単にスピーチをつなげるわけではありません

③「物になりきって」スピーチをつなげていきます。たとえば、鉛筆になりきったり、消しゴムになりきったりします

　これだけでは理解するのは難しいので、ここでもあなたがやり方を例示します。次のように行います。

④今回は鉛筆になりきるとします。最初にスピーチする子が前に来て、「ぼくは、鉛筆の太郎です」などと一言スピーチします。一言言ったら、自分の席に戻ります。次にスピーチする人は、前に来て、スピーチをつなげていきます。たとえば、「ぼくは、毎日使ってもらえて、とっても幸せです」などです。このようにして、どんどんとスピーチをつなげていきます

⑤スピーチしたい人は前に出てきてスピーチします
⑥一人ずつスピーチをしてください。一人終わったら一人前に来ます

　慣れるまでは、最初のスピーチは、「私は、○○○の○○○です」と名前を言うところから始めるとスピーチしやすくなります。また、どんなことを言うか考える時間もとります。
　その後は、言葉を思いついた子からどんどん前に言ってスピーチするようにします。ある程度スピーチが続いたら、最後にスピーチする子は、ハッピーエンドにしてスピーチを終わるようにします。

⑦ スピーチを聞いてみての感想を発表してください

| ポイント |

●慣れるまではスピーチの最初は「私は、○○○の○○○です」と名前を決めるところからはじめる
●最後にスピーチする子は、ハッピーエンドにしてスピーチを終わるようにする

目的

　物語を、みんなでスピーチしながらつくりあげていくことを通して、友達とつながり、相手の意見を大切にしようとする態度を育てることを目的としています。

教師の言葉がけ

😊　①今日のスピーチのめあては「スピーチをつなげる」ことです

😊　②「スピーチをつなげる」といってもただ単にスピーチをつなげるわけではありません

😊　③「物語」をつくりながら、スピーチをつなげていきます

　これだけでは理解するのは難しいので、ここでもあなたがやり方を例示します。次のように例示します。

④最初にスピーチする子が前に来て、「太郎は、朝7時に家を出発しました」などと一言スピーチします。一言言ったら、自分の席に戻ります。次にスピーチする人は、前に来て、物語をつなげていきます。たとえば、「太郎が向かった先は学校です」などです。このようにして、物語をどんどんスピーチして、つなげていきます

⑤スピーチしたい人は前に出てきてスピーチします
⑥一人ずつスピーチをしてください。一人終わったら一人前に来ます

　物語をつくるのが難しいようなら、「桃太郎」など全員が知っている昔話を一言ずつスピーチしてつなげていくのもお勧めです。
　また、「スイミー」や「ごんぎつね」などこれまでに国語の教科書で習った物語教材を題材にしても盛り上がります。

　物語をつくることに慣れてきたら、「テーマは青」などテーマを決めて物語をつくると、少し難易度が上がって楽しくなります。

⑦スピーチを聞いてみての感想を発表してください

| ポイント |

●物語をつくるのが難しいと感じたら、「桃太郎」や「スイミー」など子どもがよく知っている話で、物語をつなげていくようにする
●物語をつくることに慣れてきたら、テーマを決めて物語をつくってみる

真似してスピーチ

4　反応を楽しむ

目的

　スピーチをしている人の動作を、スピーチを聞いている人が真似することを通して、スピーチする子が、クラスみんなに受け入れられていると実感できることを目的としています。

教師の言葉がけ

① 今日のスピーチのめあては「反応を楽しむ」ことです

② この活動で大切なのはスピーチする人ではなく、スピーチを聞く人です

③ スピーチを聞く人が、どうやって「反応を楽しむ」かを、今から説明しますね

　あなたが実際にスピーチをしながら説明していきます。スピーチのテーマは「昨日の出来事」とします。

④昨日、学校から家に車で帰ったときのことです（車で運転する動作をする）。今、先生が車を運転する動作をしました。みんなも、同じように車を運転する動作をします。つまり、スピーチする人のジェスチャーを真似するのです

⑤では、もう少し続けます。家に着いてドアを開けようとしたのですが、鍵がかかっていました（ドアを開けようとしても開かない動作をする）。みなさん、真似するんですよ

⑥仕方ないなーと思って家の鍵を出して開けようと思ったんです。でも、どこを探しても鍵が見当たらないのです（鍵を探す動作をする。子どもも同じ仕草をする）。そうそう。そんな感じで真似していきます

　このようにして、例示してからスピーチを始めます。スピーチのテーマは最初、あなたの方で決めます。「昨日の出来事」や「今日の体育で楽しみなこと」など子どもにとって身近な出来事にします。

　慣れてきたら、自分で決めたりクラスで話し合ったりしてテーマ決めを行います。

　また、ジェスチャーをつけてのスピーチを躊躇している子がいるなら、「大袈裟にする必要はないからね。少しだけでもいいからやってみよう」とあなたの方で声をかけます。

　スピーチをする時間は短くても大丈夫です。「反応を楽しむ」のが目的ですので無理はさせません。当然、内容も拙くて大丈夫です。

　このことは、必ず、次のように子どもたちに伝えます。

⑦スピーチの時間は短くてOKです。内容もうまくやろうと考えすぎなくて大丈夫です。だって、このスピーチの目的は「反応を楽しむ」だからね。大切なのは、スピーチする人じゃなくて、スピーチを聞く人なんです

　そう、このスピーチ活動の目的は「反応を楽しむ」です。よって、スピーチを聞く子たちへの指導が必ず必要です。次のように伝えます。

⑧スピーチを聞く子に、先生からの２つのお願いがあります。１つ目は、相手の動作と同じ動作をしてください。ふざけてちがう動作をするのはやめてくださいね！　相手意識を大切にしてほしいです。２つ目は、動作だけでなくプラスの相槌もお願いします。「いいね」や「なるほど」「うんうん！」など、プラスの相槌があるだけでスピーチは格段にしやすくなります

　この２つのお願いをぜひ意識して反応を楽しむようにさせてください。また、慣れないうちは、「昨日の出来事」などテーマを指定してからスピ

ーチするようにします。必要ならスピーチを考える時間をとってあげてください。

😊 ⑨スピーチしたい人は前に出てきてスピーチします

😊 ⑩一人ずつスピーチをしてください。一人終わったら一人前に来ます

　あなたが率先してスピーチをしている人の動作を真似して、プラスの相槌をします。あなたの態度がクラスの子の雰囲気をつくりだします。

😊 ⑪スピーチをしてみての感想を発表してください

　「反応を楽しむ」のスピーチは、スピーチをした人に感想を発表してもらいます。

　スピーチをした子がどう感じ取ったかを大切にしたいからです。「みんなに受け入れられている」という感情をもっているか、それとも、「恥ずかしかった」という少しマイナスな感情をもっているのか。そこを、あなたはしっかりとフィードバックして次の活動に生かします。

　もし、恥ずかしかったなどの感想が多ければ、「反応を楽しむ」のスピーチは、一度やめるという選択も視野に入れます。

│ポイント│

● スピーチをする時間、内容にこだわらない

● この活動で大切なのはスピーチを聞く子。2つのお願いを必ず伝える

● スピーチをした子の感想発表で目的が達成できたかどうか判断する

つっこみスピーチ

4　反応を楽しむ

目的

　スピーチを聞いている子が、プラスの反応をすることを通して、スピーチする子が、クラスみんなに受け入れられていると実感できることを目的としています。

教師の言葉がけ

①今日のスピーチは「つっこみスピーチ」です

②「つっこみ」と言ってもお笑いのような「つっこみ」ではありません。ここでいう「つっこみ」は、スピーチを聞いて「プラスの反応をする」ことです

③どうやってやるかを、今から説明しますね

　実際に、子どもにスピーチをしてもらいながら説明していきます。

④Ａさん前に来てもらっていいですか。スピーチのテーマを「今日、家に帰ってからすること」とします。Ａさんは家に帰ってから何をしますか？（Ａさんが「塾に行きます」と答える）では、「今日、家に帰ってから塾に行きます」とスピーチしてください（Ａさんがスピーチする）。さて、ここからが本番です。Ａさんのスピーチに対してプラスのつっこみ（反応）をしてください。たとえば、「がんばって！」「ぼくも塾に行くよ！」「すごい！！」などです。後は、同じように、プラスの反応をしていってください

　この後、Ａさんにスピーチを続けてもらい、あなたがお手本としてプラスの反応をしていきます。このスピーチは、スピーチ活動例No.16の「真似してスピーチ」の発展版です。No.16のスピーチをやってから行うことをお勧めします。

⑤スピーチしたい人は前に出てきてスピーチします
⑥一人ずつスピーチをしてください。一人終わったら一人前に来ます

　スピーチ活動例No.16に書いてあるポイントはこの活動も意識します。あとは、あなたが率先してプラスの反応をしていきます。
⑦スピーチをしてみての感想を発表してください

| ポイント |

●スピーチ活動例No.16に書いてあるポイントをこの活動でも意識する
●教師が率先してプラスの反応をしていく

探してスピーチ

4　反応を楽しむ

目的

　スピーチを聞いている人が、スピーチする子の姿のちがいを発表することを通して、スピーチする子が、クラスみんなに受け入れられていると実感できることを目的としています。

教師の言葉がけ

- ①今日のスピーチは「探してスピーチ」です
- ②「探して」というくらいですから、あるモノを探してもらいます
- ③何を探すかと言うと、スピーチする前とスピーチした後のちがいを探してもらいます。もう少し詳しく説明しますね

　実際にあなたがやってみます。あなたは廊下に出て、予備の靴に履き替えます（名札をとるや、胸ポケットにボールペンを入れるなど、ちがいを出せれば何でも大丈夫です）。履き替えたら、教室に戻ります。

④さっきの私とちがっているところを探してください。ヒント１、顔周りは関係ありません。ヒント２、下半身が変わっています。ヒント３、みんなも毎日使っているものです。さて、何が変わっているでしょう？

　ヒントを出していくのが、スピーチ活動となります。答えがわかってもすぐに答えを言うことはせず、なるべくヒント３までスピーチするようにします。その後、正解を発表します。この後、スピーチしたい子を募集して、廊下で１つだけ何かを変化させます。

⑤スピーチしたい人は前に出てきてスピーチします
⑥一人ずつスピーチをしてください。一人終わったら一人前に来ます

　後ろの席の子は、よく見えないので、前に来てもよいことを伝えます。スピーチの内容が大切なのではなく、聞いている子が「プラスの反応」をすることが目的ですので、堅苦しくならないように気をつけます。

⑦スピーチをしてみての感想を発表してください。

|ポイント|

● ヒントを言うことがスピーチになるので、なるべくヒント３まで言うようにする
● スピーチを聞いている子が「プラスの反応」をしやすくなる雰囲気をつくる

私の主張スピーチ

4　反応を楽しむ

目的

　スピーチを聞いている人が「イェーイ！」と言ったり、大きな拍手をしたりすることを通して、スピーチする子が、クラスみんなに受け入れられていると実感できることを目的としています。

教師の言葉がけ

①今日のスピーチは「自分の言いたいことを主張する」スピーチです

②もちろん、言いたいことは「プラスの出来事や思い」でお願いします。マイナスのことを言うのは、クラスの雰囲気が悪くなるので言いません

③このスピーチには台本があるので、まずは、その台本を紹介します

「感謝のスピーチ」の台本

1　〇年〇組　山田太郎　　　　　　　　　全員「イェーイ！」
2　私（ぼく）が困っているとき、
　　　　　　　　　　る人がいる　　　　　全員「だ～れ～？」
　　　　　　　だ！！　　　　　　　　　　全員「イェーイ！」
　　　　算数の問題がわからず困っていると、
　　　　　んだよ」と教えてくれる。】　　全員「イェーイ！」
　　　　　ありがと～！！　　　　　　　　全員「イェーイ！」と
　　　　　　　　　　　　　　　　　　　　言った後大きな拍手をする！

　　　のスピーチ」の台本です。スピーチする人のセリフ
　　　。そのうち4の【　　　】のついたところだけ、自
　　（山田太郎のところは自分の名前を言うようにします）

　　　なのは全員のセリフです。「イェーイ！」や「だ～
　　　員が楽しそうに言います

　　　「私の主張スピーチ」の雰囲気を感じとってもらい

　　ていたテレビ番組「学校へ行こう」の「未成年の主
　　にしています。
　　せて「イェーイ」や「だ～れ？」の言い方を感じ取
　　す。

おかげさまで、東洋館出版社は創立75周年を迎えました

75
東洋館出版社

スピーチの雰囲気を感じ取った後は、実際に「だれにどんな感謝を伝えるか」全員に考えてもらいます。その上でスピーチの希望をとります。

😊 ⑥スピーチしたい人は前に出てきてスピーチします
😊 ⑦一人ずつスピーチをしてください。一人終わったら一人前に来ます

　最初は、「感謝のスピーチ」のみ行います。慣れてきたら、次の２つの台本を子どもたちに紹介します。

「お願いスピーチ」の台本

1　〇年〇組　山田太郎　　　　　　　　　　全員「イェーイ！」
2　今日はみんなにお願いしたいことがある　全員「な〜に〜？」
3　【昼休みにドッジボールをするので、
　　みんなに参加してほしいー】　　　　　　全員「イェーイ！」
4　【13時５分に運動場に集合してー！】　　全員「イェーイ！」と
　　　　　　　　　　　　　　　　　　　　　言った後大きな拍手をする！

　３と４の【　　　　　】のところを自分で考えます。台本では、「昼休みの遊び」のお願いでしたが、他にもいろいろなお願いがこのスピーチではできます。
　たとえば、係のお願い・日直からのお願い・給食当番、掃除当番からのお願いなど考えられます。また、あなたが「お願いスピーチ」でクラスの子にお願いをしても盛り上がります。ぜひやってみてください。

┌───┐
```
「友達紹介スピーチ」の台本


 1   ○年○組　山田太郎              全員「イェーイ！」
 2   今日はみんなに紹介したい人がいる     全員「だ～れ～？」
 3   それは、○○さんだ！！           全員「イェーイ！」
 4   【○○さんはいつも一緒に帰っている
     大切な友達だー】              全員「イェーイ！」
 5   ○○さん、これからも友達でいてくださーい！ 全員「イェーイ！」と
                            言った後大きな拍手をする！
```
└───┘

　台本通りではなく、自分で考えた主張を言ってみたい子がいたらどんどんやってもらいましょう。全員のセリフの部分も、その場の雰囲気でどんどん変えていって大丈夫です。

😊 ⑧スピーチをしてみての感想を発表してください

│ポイント│

- ●最初は「感謝のスピーチ」の台本を読んでスピーチの雰囲気をつかむ
- ●慣れてきたら、台本通りではなく、自分が言いたい主張をスピーチしてもらう。全員のセリフもその場の雰囲気でどんどん変えていく。ただし、マイナスな主張は言わないように声をかける

うそ紹介スピーチ

4　反応を楽しむ

目的

　スピーチを聞いている人が、3つの出来事の内、どの出来事がうそかを発表することを通して、スピーチする子が、クラスみんなに受け入れられていると実感できることを目的としています。

教師の言葉がけ

😊 ①今日のスピーチは「うそスピーチ」です

😊 ②やり方は簡単です！

😊 ③スピーチをする人は3つの出来事のうち1つだけうその出来事を言います。みんなは、スピーチを聞いてどの出来事がうそかを当てます

😊 ④スピーチのテーマは「最近の出来事」とします。3つの出来事を考えてください。そのうち1つはうその出来事を考えます

スピーチの仕方は次のように例示します。

😊 ⑥昨日の出来事を紹介します。1つ目は、家族で買い物に行ったことです。2つ目は、買い物の後に晩御飯をお店で食べたことです。3つ目は、夜にゲームをしたことです。さて、うその出来事はどれでしょう？

スピーチは自由に話してもらってよいのですが、ある程度例示しておきます。慣れてきたら、「好きな教科」や「今、ハマっている漫画」など自由に考えてもらいます。また、スピーチの量も増やしていきます。

😊 ⑦スピーチしたい人は前に出てきてスピーチします
😊 ⑧一人ずつスピーチをしてください。一人終わったら一人前に来ます

スピーチが終わった後は、スピーチを聞いていた子3人程度にどの出来事がうそだったかを発表してもらいます。その後スピーチした人が、正解を発表します。

😊 ⑨スピーチをしてみての感想を発表してください

| ポイント |

- スピーチに慣れてきたらテーマを自由に考えてもらったり、スピーチの量を増やしたりする
- スピーチ後は3人程度、どの出来事がうそだったかを発表してもらう。時間がないときは1つ目・2つ目・3つ目のどれが嘘か手をあげてもらうだけでもOK

第 **3** 章

クラスの雰囲気をつくる
スピーチ指導

セカンドステップ

「伝えたい」を引き出す「聞き方」指導

1 「伝えたい」は聞いてくれる子がいるから生まれる

　「伝えたくなる」のは聞いてくれる子がいるからです。スピーチ指導において「聞き手を育てる」ことはとても大切です。

　そこで重要になってくるのが「見つけて価値づける」という考え方です。まずは、次のように発表を聞いている子をあなたが見つけることが大切です。

・目を見て話を聞いている
・うなずきながら聞いている
・話したことに反応しながら聞いている

　そして、次のように一人ひとり価値づけていきます。

・Aさん、目を見て話を聞いてくれてありがとう
・Bさんのうなずきがすごくうれしいよ！
・Cさんの反応が発表する人の力になっているね

目の前にある子どもの素敵な姿を見つけ、あなたの言葉で価値づける

　これが何よりも大切です。あなたのあたたかい言葉に子どもは「よし！やろう」となるのです。ぜひ、見つけて価値づける声かけをクラスの子にしてあげてください。

　また、スピーチのときだけ「聞き方」の指導をしていてはダメです。
　学校で行われるすべての活動においてあなたが「見つけて価値づけていく」のです。

　決して押しつける指導ではなく、その子のよさを見つけ、あなたの大切にしている聞き方を子どもと共有していくイメージです。

　共有が浸透すればするほどクラスの雰囲気はよくなっていきます。つまり、素敵な聞き方をしている子がクラスで増えていくのです。

　それでは、どのような聞き方を子どもと共有していけばよいでしょうか？　ここでは、次の6つの極意を紹介します。

教師の意識を変える聞き方
　　No.1　「聞こえません！」は厳禁
　　No.2　形式的な「拍手」はやめる
　　No.3　教師が一番よく聞く

子どもの意識を変える聞き方
　　No.4　どんな聞き方が「よい聞き方」かを合意形成する
　　No.5　「反応レベル」を上げていく
　　No.6　「言葉のプレゼント」をリレーする

　No.1からNo.3までは、教師の意識を変える聞き方で、No.4からNo.6は、子どもの意識を変える聞き方です。それぞれの意識を変えることで、子どもの「また発表したい」が生み出されます。

〈教師の意識を変える聞き方〉

　No.1の「『聞こえません！』は厳禁」とは、発表に対して「聞こえません」と教師が言わないようにすることです。つまり、教師が「子どもの発表は小さな声でもよい」と固く決意することでもあります。そして、クラスの子にも「聞こえません」と言わないようにお願いします。このようにして

　「子どもは大きな声で発表した方がよい！」という教師の意識を変える

ことをねらいとしていきます。子どもの発表は「小さな声でもよい」のです。なぜなら、大切なのは発表の「声量」ではなく発表の「内容」だからです。子どもの「内容のよさ」をあなたが見つけて、価値づけてあげることが何よりも大切です。

　No.2の「形式的な『拍手』はやめる」とは、子どもが義務感でしている拍手をやめさせることです。
　義務感でしている拍手は教師が「強制」している場合が多いです。つまりここでは、

「拍手は必ずさせなければいけない」という教師の意識を変える

ことをねらいとしています。
　逆に言うと、子どもから自然と生まれた、あたたかな拍手は「それだけで価値が高い」とも言えます。
　よって、子どもからのあたたかな拍手をあなたは見逃さず、価値づけることが大切なのです。

　No.3の「教師が一番よく聞く」とは、そのままの意味で、子どもの発表を教師が一番聞く必要があるということです。
　子どもが発表を聞かないのを子どものせいにしません。「自分に責任がある」とあなたが思うことが大切です。よってここでは、

「発表を聞かないのは子どもが悪い」という教師の意識を変える

ことをねらいとしています。あなたが積極的に発表者に対してプラスの言葉をかけ続けます。そして、そのようなあなたの姿を見て、同じようにプラスの言葉をかけてくれる子を見つけ、価値づけていくのです。

〈子どもの意識を変える聞き方〉

　No.4の「『どんな聞き方がよい聞き方』かを合意形成する」とは、「どんな聞き方をしてくれたらうれしいか」をクラスで話し合うことです。
　クラスの決まりごとを自分たちでつくり上げていく過程の１つに、聞き方も入れます。あなたが決めていくのではなく、クラスのみんなで決めていくのです。よって、ここでは

「先生がルールを決めてくれる」という子どもの意識を変える

ことをねらいとしています。さらにあなたは、子どもたち自身で決めた「聞き方」をしている子を見つけ、価値づけていくのです。

　No.5の「反応レベルを上げていく」とは、「よい反応」とはどんな反応なのかを決め、クラスみんなで「よい反応」を目指していくことです。
　重要なのは、レベルを決めるのは子どもたち自身ということです。教師が勝手に決めるようなことはしません。学級会などで話し合ってもよいのですが、人数が多くなると合意形成がしにくくなります。まずは、クラスの代表者（２〜３人）とあなたで話し合いをし「反応レベル表」を作成していきます（P.97参照）。
　ここで大切にしたいのは「反応レベルを上げる」ためには具体的にどんな行動をとればよいかを明確にしておくことです。私は、数人の子が反応しているより、クラスのほとんどの子が反応している方が「反応レベルが高い」としています。
　反応レベル表が完成すれば、次は、学活でクラスのみんなに意見を聞きます。この話し合いでは、

「自分だけ反応していればよい」という子どもの意識を変える

　ことをねらいとします。さらに、教師は、反応レベル表をもとに、反応レベルを上げようとしている子を見つけ、価値づけることが可能です。

　No.6の「言葉のプレゼントをする」とは、友達のよい行動に対して「プラスのフィードバック」をすることです。
　人の発表を真剣に聞くことは大人でも難しいです。かなり集中力を必要としますね。子どもだって同じです。「発表を聞きなさい」と指導して聞くようにはなりません。

　まずは、「発表を聞く」ことよりも「人に興味をもつ」ことを伝える必要があります。具体的には、よい行動をしている子に対してクラスみんなで「プラスのフィードバック」をしていくのです。
　友達のよさがどんどんわかるにつれ、友達の発表を聞くようになっていきます。人は興味のある人の話は聞きたいと思うからです。
　結果的に、よい行動に対して「プラスのフィードバックをする」ことが

「友達の発表は聞き流してもかまわない」という子どもの意識を変える

　ことにつながっていくのです。
　そして、あなたは「プラスのフィードバック」をしている子を見つけ、どんどん価値づけていくのです。そうすると、さらに発表を聞く子が増えていきます。

「聞こえません！」は厳禁

教師の意識を変える聞き方

「聞こえませーん」
とは言いません！

目的

　「小さな声での発表はダメ！」という教師の意識を変えることを通して、クラスの聞き方が変わり、子どもの「また発表したい」という思いを生み出すことを目的としています。

教師の言葉がけ

①発表を聞く上で、みんなに伝えておきたいことがあります

②それは、発表している子に向かって「聞こえませーん」とは言わないでほしいのです

③小さな声で「聞き取りにくい」と思う気持ちはわかります。でも、先生は、「小さな声でもがんばって発表した」という思いに価値をおきたいのです。「聞こえませーん」と言われた子は「よし、次も発表がんばろう」とは思いにくいですよね

小さな声でも集中して聞けば意外と聞こえるものです。あなたが率先して小さな声でも聞き取ろうとする姿を見せると、子どもも自然とそのように聞くようになっていきます。

　もちろん、本当に聞き取れない場合があります。でも、そんなときは、次のようにフォローしてあげてください。

・発表者の近くに行って聞き取り、「○○だね」とあなたの声で発表をくり返してあげる
・近くの子に「○○って言っていました」と代わりに答えてもらう

　「Aさん、ごめんね。もう一度言ってくれますか」。そう言って、あなたがAさんの近くで聞き取れば何も問題ありません。発表が聞き取れたら「ありがとう。よく聞こえました」と感謝を伝えます。その上で「Aさんは○○と言っていました。この意見、とっても鋭い意見です！」と発表内容について価値づけていきます。

教師が「聞こえないので、大きな声でもう1回言ってください」と言うのと、どちらが「次も発表したい！」と子どもが思えるかは一目瞭然ですよね。

　教師のこのような意識は、クラスの雰囲気をつくる上でとても大切です。「また挑戦したい！」そんな思いを子どもにもってもらうには、教師の意識を変えていく必要があるのです。

　また、あなたが代わりに発表するのではなく、近くの子に言ってもらうという方法もあります。「ごめんね。Bさん。Aさんが何て言ったか教えてもらってもいいですか」と隣の子にあなたが聞けばいいのです。

　もしくは、「だれか、Aさんの発表を聞こえた人で、言ってくれる人いますか？」と投げかけます。

　このように、他の子に頼ることでAさんを不安にさせなくて済みますし、何なら、代わりに発表してくれたBさんたちを「ありがとうね。そうやって助け合っていけるクラスって素敵だね」と価値づけることができます。

さて、教師の言葉がけの続きです。次のように続けます。

④大切なのは「発表してよかった」と発表した子が思えることです。そして、「聞いてよかった」と発表を聞いているみんなが思えることです

⑤「聞こえません！」を言うことは、話し手・聞き手、両方の「よかった」が達成できなくなる言葉です。だから、言わないように気をつけてくださいね

　このように話した後は、あなたが率先して実践するのみです。特に、意識したいのは、子どもの発表の内容を価値づけることです。小さい声だからダメ、大きい声だからよいではなく、その子の紡ぎ出した言葉を大切に聞き取ります。

　そして、「その意見はみんなの参考になるね！」「あなたの意見でみんなが勉強になったね」などと価値づけるのです。

　このようなあなたの一言が「また発表したい」と思う気持ちにつながっていくのです。

| ポイント |

●教師が率先して「小さな声でも聞こうとする姿勢」を見せる
●本当に聞き取れないときは、「教師が発表者に近づいて行って聞く」か「近くにいる子に代わりに答えてもらう」とよい
●教師は発表の「内容」に着目して、よさを価値づけていく

形式的な「拍手」はやめる

教師の意識を変える聞き方

無理して
拍手しなくても
大丈夫だよ

目的

　拍手は必ずしなければいけないという教師の意識を変えることを通して、クラスの聞き方が変わり、子どもの「また発表したい」を生み出すことを目的としています。

教師の言葉がけ

＊だれかが発表した後、クラスみんなの拍手がパラパラとしていて、クラスの雰囲気がよくないときの言葉がけです。

①発表を聞いて、みんなが拍手をしてくれたことはすごくうれしいです

②この機会にみんなに考えてもらいたいことがあります。そもそも、拍手ってどうしてするのでしょうか？　少し考えてみてください

③拍手をするのは発表者に対する「敬意」や「ねぎらい」の意味があると先生は思っています。簡単な言葉で言うと「ありがとう」や「お疲れ様」という気持ちです

④せっかく、拍手をするなら発表者が「やってよかった」と実感できる拍手がよいと先生は思っています

⑤今回の拍手はどうだったでしょうか？ 先生は、今回の拍手は何だか義務的な拍手のように感じました。こんなときは無理して拍手する必要はありませんよ。やりたいと思ったときに最高の拍手をお願いしますね

　ここで押さえておきたいのは、「拍手の仕方が悪い」とお説教しているわけではないということです。そうではなく、「形式的な拍手になるようだったら無理して拍手しなくても大丈夫だよ」と伝えているのです。

　また、形式的な拍手をやめることは、自然と生まれるあたたかい拍手を大切にするということでもあります。
　あなたが「拍手させなきゃ」というマインドを脱却することによって、クラスには「あたたかい拍手」が増えていくのです。
　拍手もスピーチと同じで、強制するものではないのです。子どもの「発表者のために拍手をしたい！」という気持ちを大切にするべきなのです。

では、あたたかい拍手が起これはクラスの雰囲気はよくなっていくかと言えば、そうでもありません。あなたの価値づけがなければ、一過性の拍手で終わってしまうのです。

　たとえば、次のような言葉を子どもに伝えます。

　「今、自然と拍手が生まれたね。この自然と出た拍手ってやっぱり素敵です！　思わず出る拍手は大歓迎です」

　「すごくあたたかな拍手をありがとう。発表してくれたＡさんもすごくうれしかったと思うよ！」

　「この拍手がクラスの雰囲気をよくしてくれるね。ありがとうみんな！」

　このような、あなたの価値づけが「また発表したい！」を生み出します。

　さらに、拍手のやり方も子どもたちに伝えます。拍手を「する・しない」は子どもに任せるのですが、拍手のやり方は、きちっと教える必要があると思っています。

　拍手をする際に次の３つの合言葉を子どもに伝えます。

・大きく！
・高く！
・素早く！

　「大きく」はそのままの意味で拍手は大きくしようという意味です。どれくらいの大きさかはあなたが見本で示すとよいでしょう。

「高く」とは拍手をするときは「自分の顔よりも高く」して拍手をするという意味です。拍手している姿を発表者にしっかり見せることをねらいとしています。心の中で生まれた「感謝」や「ねぎらい」は相手にしっかりと伝えた方がよいです。拍手も伝え方があるのです。そのことを子どもに伝えます。

　「素早く」とは拍手を「パチ…パチ…パチ」とゆったりするのではなく、「パチパチパチパチパチパチ」と小刻みにするという意味です。拍手を素早くすることで相手に届く印象がまったくちがってきます。拍手を素早くするのも相手に「感謝」や「ねぎらい」を伝えるためにやるのです。

　最後に、子どもに拍手のやり方を教える上で、絶対に守ってほしいことがあります。それは、

　　拍手のやり方を教えるけれども強制はしない

ということです。「こんなやり方があるよ！　できる子はやってね」くらいの気持ちで教えてあげてください。このやり方にあなたがこだわってしまうと、「拍手をさせられている」と思う子が必ず出てきます。これでは本末転倒ですよね。

|ポイント|

- ●「拍手をさせる」というマインドを脱却することで、あたたかい拍手が増えていく
- ●あたたかい拍手をしている子を価値づけることが「また発表したい」を生み出す
- ●拍手のやり方を教えるが、強制はしない

教師が一番よく聞く

教師の意識を変える聞き方

～～と言ったのは
Ａさんですね

目的

　発表を聞かないのは子どもが悪いという教師の意識を変えることを通して、クラスの聞き方が変わり、子どもの「また発表したい」を生み出すことを目的としています。

教師の言葉がけ

＊授業中ＡさんＢさんＣさんＤさんＥさんと５人続けて発表した後の教師の言葉がけです。

①先ほど、５人の子が発表してくれました

②「○○○○○○」という意見が出ていますが、この意見はだれの意見かわかりますか？

③わかるという人は手を挙げてください

ここで「しっかりお友達の話を聞いてくれていたんだね」と手を挙げている子を価値づけます。手を挙げていない子を叱る必要はありません。その上で、次のようにだれが、どんな意見を言ったかを再現します。

④「○○○○○○」と言ったのはＡさんですね。Ａさんの意見を聞いて、先生は「なるほどなー。そんな考え方があるんだなー」と感心しました

　もしくは、次のような展開もよく行います。

⑤「○○○○○○」と言ったのはＡさんですね。この意見は「△△△△△△」と言ったＢさんの意見と少しちがいます。どっちも、「なるほどなー」と思える意見です。どちらかといえば、みんなはＡさん、Ｂさんどちらの意見に賛成しますか？

　このように、「あなたたちの意見をしっかり聞いていますよ」という場面を見せることが大切です。
　結局のところ、クラスの子はあなたの姿に規定されます。あなたが発表をよく聞いていれば、クラスの子どもも同じように聞くようになります。子どもは、叱ることによって発表を聞くようになるのではないのです。

|ポイント|

● 「だれが」「どんな意見」を言ったのか、発表後に教師が再現する
● 教師が手本となって、「発表内容」のよいところを価値づけていく
● 子どもの意見が対立しているなら、対立意見を取り上げて「どちらが賛成か」など問う

「どんな聞き方がよいか」を合意形成する

子どもの意識を変える聞き方

目的

　　先生がルールを決めてくれるという子どもの意識を変えることを通して、クラスの聞き方が変わり、子どもの「また発表したい」を生み出すことを目的としています。

教師の言葉がけ

＊学活の時間で45分間をとって話し合いをします。そのときの教師の言葉がけです。

① 今日は、みんなに「話の聞き方」について考えてもらいます

② あなたが授業中に発表しているとき、どんな聞き方をされればうれしいですか？　少し考えてください

③ では、どんな聞き方をされたらうれしいか発表してください

「集中して聞いてくれたらうれしい」「うなずきながら聞いてくれたらうれしい」「反応してくれたらうれしい」など子どもたちは発表するはずです。あなたは子どもの発表を1つずつ板書していきます。その上であなたの思いも伝え、次のように、合意形成をはかります。

😊 ④みんなが発表してくれた聞き方、そして、先生がやってほしいと思っている聞き方が、今、黒板に書かれています。この中から、3つクラスみんなで取り組んだらよいと思う聞き方を選んでください

　3つと限定せず「10人以上手が挙がった意見は残す」や「一人でも手が挙がった意見は残す」としても、もちろん構いません。大切なのは、あなたが一方的に決めるのではなく、子どもたち自身で意見を決めていくことです。

😊 ⑤では、決まった「よい聞き方」を今日から実践していきましょう

　実際にやってみて「この聞き方はあまり意味がないな」と思えばなくせばよいし、「さらに付け足したい」となれば付け足せばよいのです。子どもと相談しながら柔軟に変更していきましょう。ちなみに、勤務校では「聞き方レベル表」として学校全体で「よい聞き方」を例示しています。

| ポイント |

- 教師も「どんな聞き方をしてほしいか」を子どもに伝え、その上で子どもに「どの聞き方がよいか」を決めてもらう
- 決まった「よい聞き方」は実際にやってみてなくしたり、付け足したりしていく

反応レベルを上げていく

子どもの意識を変える聞き方

目的

　　反応レベル表をつくり、自分だけ反応していればよいという子どもの意識を変えることを通して、クラスの聞き方が変わり、子どもの「また発表したい」を生み出すことを目的としています。

教師の言葉がけ

＊事前に、クラス代表者と教師で話し合い「反応レベル表」を作成しておきます。「反応レベル表」をクラスの子たちに示し、これでよいかの話し合いを学活の時間にします。そのときの教師の言葉がけです。

①今日は、みんなに「反応レベル表」について考えてもらいます

②反応レベル表はクラスの代表の子と先生とで考えました

③印刷したのを配りますので、修正や付け加えがあれば言ってください

〈反応レベル表〉

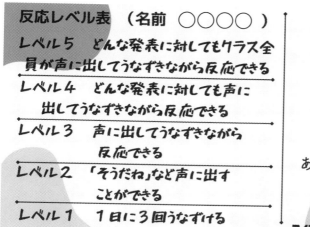

反応レベル表　（名前　○○○○　）

レベル5　どんな発表に対してもクラス全員が声に出してうなずきながら反応できる

レベル4　どんな発表に対しても声に出してうなずきながら反応できる

レベル3　声に出してうなずきながら反応できる

レベル2　「そうだね」など声に出すことができる

レベル1　1日に3回うなずける

反応の例

確かに！

なるほど！

そうだね！

うんうん

あっそっか！

いいね！

アイデア・製作者

＊できれば、反応レベル表の作成も子どもたちにやってもらう。上の「反応レベル表」はクラスの子（5年生）がCanvaで作成したものです。

　正直に言うと「反応レベル表」の内容にはそれほどこだわっていません。大切なのは、子どもたち自身で決めることです。そして、あなたは、「反応レベル表」にそって、反応レベルを上げようとしている子を見つけ、価値づけていきます。

| ポイント |

● クラス代表の子に反応レベル表をつくってもらう。そして、その表でよいかクラスみんなで話し合う。こうやって、子どもたち自身でつくりあげていくことを大切にする

● 教師は、反応レベルを上げようとしている子を見つけ、価値づけていく

「言葉のプレゼント」をリレーする

子どもの意識を変える聞き方

Aさんのどんな姿に
先生は感心したかわかりますか？
発表してみてください

目的

　友達に興味をもち、「発表は聞き流してもよい」という子どもの意識を変えることを通して、クラスの聞き方が変わり、子どもの「また発表したい」を生み出すことを目的としています。

教師の言葉がけ

＊そうじの時間に、ぞうきんで隅々まで床を拭いていたAさんの行動について、帰りの会等でフィードバックを促すときの教師の言葉がけです。

　①今日の掃除の時間のことです

　②Aさんが、ぞうきんで隅々まで床を拭いていました

　③先生は、Aさんの姿を見て、「すごいなー」と感心しました

　「よい行動」をほめる際は、次の配慮は考えておきたいです。「人前でほめられたくない」と考えている子が、一定数いるからです。

・Ａさん一人だけをほめるのではなく。ＡさんＢさんＣさんと複数の行動
　をほめるようにする。
・Ａさんに「今日の帰りの会で、掃除のこと話題にしてもいい？」など、
　事前に確認しておく。

　上記のような配慮をした上で次のように話します。

　😊 ④先生がＡさんのどんな姿に感心したかわかりますか？　わかる人は
　　　発表してみてください

　Ａさんのよい行為をクラスの子で発表し合います。これが「言葉のプレ
ゼント」をリレーすることであり、Ａさんに興味をもつことにつながりま
す。友達に興味をもつ子が増えるにつれて「発表を聞きたい！」と思う子
も増えていきます。さらに、発表を聞きたい子が増えれば、発表したい子
も増えてきます。

　😊 ⑤他にも掃除の時間でお友達のこんな素敵なところがあったよという
　　　のがあれば教えてもらえませんか

　このようにして、さらに「言葉のプレゼント」を広めていきます。

|ポイント|

● よい行動をほめる際は、複数人をほめたり、ほめようと思っている子に了承を
　得たりするなど配慮する
● 言葉のプレゼントをリレーすることで、友達に興味をもつ子が増え「発表した
　い」と思う子も増えていく

第 4 章

クラスの雰囲気をつくる
スピーチ指導

サードステップ

スピーチで自分たちの
学級をつくっていこう

カンニング推奨！　カンニングスピーチ！

　スピーチをする際に無理に原稿を覚える必要はありません。大切なのは原稿の内容です。「伝えたい思い」が原稿に書かれていれば、原稿を読みながらでも相手には伝わります。

　子どもたちには堂々と

　「スピーチはカンニングしていいよ♪　むしろカンニング推奨です！」

と伝えてあげます。

　あなたの一言がクラスに「安心感」を生み出します。もちろん、「原稿見なくてもスピーチできる！」という子は、原稿なしでスピーチをしてもらえればよいだけです。

　さて、問題は原稿のつくり方です。子どもたちの

　「何を書いてよいかわからない」「どう書いてよいかわからない」

という困り感を解決してあげる必要があります。

ここを「何でもいいよ！　自分の書きたいことを書けばいいんだよ」としてしまうのは、子どもを不安にさせてしまうだけです（何を書いてもいいし、自分の書きたいことを書けばよいのは確かにそうなのですが…でも、こう言ってしまうと不安になる子どもはたくさんいますよね）。

では、「何を書けばよいか」「どう書けばよいか」を次から紹介していきます。

〈何を書けばよいか〉

最初は「学校に関すること」に絞ってスピーチすることを勧めます。具体的に言うと、

「勉強」「仕事」「友達」「礼儀」の４つです。

なぜ「学校に関すること」に絞るのか。それは、子どもにとって「学校に関すること」は興味関心が高いからです。

人は、「自分に関係がある」と思う話は聞こうと思います。たとえば、40代で「最近腰が痛いなー」と思っている人は、「腰の痛みを劇的にとる方法」というスピーチはめちゃくちゃ聞こうと思います（私のことです笑）。

子どもにとって「学校に関すること」というのは生活のほぼすべてと言っても過言ではありません。よって、そのことをスピーチすれば、おのずと興味関心をもって聞くことができます。

聞き手の反応がよければ、それだけ話し手の「伝えたい」という思いが強まり、よいスピーチとなります。また、話し手にとっても「学校に関すること」は興味関心が高いのは言うまでもありません。つまり、それだけ「伝えたい思い」を紡ぎ出しやすくなるのです。

詳しくは、学級をよくするためのスピーチ例No.1～4に書いてありますので、そちらをご覧ください。

〈どう書けばよいか〉

　大前提は「書き方を示すが強制はしない」です。

　「こう書きなさい」とあなたが指導すると、スピーチに「やらされ感」がでてしまいます。また、「伝えたい思い」を紡ぎ出しにくくなってしまう子もでてきます。
　だから、「書き方を示すが強制はしない」というあなたのスタンスが大切になってくるのです。
　よって、子どもたちには次のように伝えます。

　「自由に書いていいよ。でも、そうは言ってもどんな風に書いていいかわからないという人もいるかもしれないよね。ここでは、3つの書き方を教えます。でも、強制ではないので、まったくちがう書き方でも大丈夫ですからね」

　この後、3つの書き方を伝えます。3つの書き方とは、

　・3点タイプ　　・エピソードタイプ　　・問題解決タイプ

　になります。
　次ページからこれらのタイプがどのような書き方をするのかを紹介します。また、書き方例も示しましたので、クラスで困っている子どもたちに、ご紹介ください。

〈３点タイプ〉

「１つ目は～　２つ目は～　３つ目は～」と３つのポイントを書くやり方です。なぜ「３つ」と指定するかというと、「３」という数字がマジックナンバーだからです。簡単に言うと、「３」というのは人の記憶に残りやすいということです。

たとえば、オリンピックの表彰式は金、銀、銅と３つだし、毛利元就の矢は３本だし、日本国憲法でも三権分立を謳っています。

さて、３点タイプの骨子だけ抜き取ると

導入→①→②→③→まとめ

となります。導入で、「何をテーマにするか」の紹介をします。そして、「ポイントを３つ」紹介し、まとめで「完結させる」という流れです。「わかりやすくしたいとき」におすすめのスピーチです。

書き方例

私は今、算数の勉強をがんばっています。テストでも100点をとれることが多くなってきました。今日はみんなに、算数の勉強のコツを３つ紹介します。

１つ目は、ノートをゆったりとることです。特に計算問題をノートに書くときは、ゆったりと書くようにしています。

２つ目は、間違えた問題を復習することです。間違えた問題は、自学ノートにもう一度解き直すことをしています。

３つ目は、友達と一緒にがんばることです。仲間がいるからがんばれる。このクラスになって一番実感しています。

みなさんも、ぜひ３つのコツをやってみてください！

〈エピソードタイプ〉

　実際に体験したことをもとにして書くやり方です。ただし、体験だけ書くと、ただの作文になってしまいます。体験を書いた後の、「自分の気づき」を書くことが大切なのです。エピソードタイプの骨子は、

　状況→出来事→気づき

となります。状況で「いつ・どこで・だれが・何をした」などを説明します。出来事では「こんな経験したよ」を紹介します。そして、気づきでは、「だからこうしよう！」と体験から得たことをまとめます。「相手の心を動かしたいとき」におすすめのスピーチです。

> **書き方例**
> 　私はあいさつが苦手です。いつも朝、教室に入るときは無言で入っています。でも、「それじゃぁいけないな！」と思い、ついこの間、あいさつをしようと決意したのです。
> 　いきなり教室に入るのはさすがに勇気がいります。教室の前で立ち止まって「スー、ハー」と深呼吸をしました。そして、「よし！」と決意し、教室に向かって歩きはじめました。「みんな！おはよう！」そうおそるおそる言うと「おはよう！！」とすぐに返ってきたのです。あいさつをしてくれたのはA子さんでした。その一言がすごくうれしくて、「あぁ！　あいさつしてよかったな」と思いました。
> 　でもやっぱりあいさつは苦手です。毎日できるかと言われれば自信はありません。でも、A子さんのように「おはよう」と返すことは毎日できます。まずは、そこから始めようと思いました。

〈問題解決タイプ〉

　何かしらの問題を解決したいときにするスピーチです。学校には様々な問題がありますので、型を理解すれば一番書きやすいタイプかもしれません。問題解決タイプの骨子は次になります。

　問題→解決策→根拠→行動

　問題では「スピーチの聞き手が思っている困り感」を書きます。解決策では、「問題に対する解決案」をシンプルにわかりやすく書きます。根拠では、「解決策がどうして有効なのか」を書きます。行動では、「聞き手がどんな行動をすればよいか」を書きます。「問題を解決したいとき」だけでなく「人に何かを勧めるとき」にもおすすめのスピーチです。

書き方例

　トイレに行ったとき、サンダルがぐちゃぐちゃで何だか嫌な思いをしたことがある人はいませんか？　いますよね。では、どうしたらトイレのサンダルを揃えることができるのでしょうか？
　ずばり言います。トイレを出る前にゆっくりお辞儀をしましょう！
　なぜ、お辞儀をするとサンダルを揃えられるのか。それは、ゆっくりお辞儀をすると気持ちの余裕が生まれるからです。トイレのサンダルが揃わないのは、「早く遊びたい！」「早く休みたい！」という気持ちの余裕のなさからです。だからこそ、ゆっくりお辞儀をして気持ちの余裕をもつことが大切です。
　私のスピーチを聞いて「ナイスアイデア！」と思った方は、次にトイレを使う際は、「ゆっくりお辞儀」をしてみてくださいね。

勉強スピーチ

学級をよくするためにスピーチしよう！

「勉強に関すること」を
テーマにしたスピーチです

目的

　「勉強スピーチ」の書き方を紹介することで、だれもがスピーチ原稿を書けるようになることを目的としています。

教師の言葉がけ

＊学活の時間に、勉強スピーチの原稿を書く子への言葉がけです。

①勉強スピーチとは、「勉強に関すること」をテーマにして行うスピーチのことです

②たとえば、「漢字の覚え方」や「算数の成績が上がる方法」などです

③勉強スピーチを書こうと思っている子は、まずは、自分の勉強をふりかえってください。そして、自分が成長したなと思うことや、自分ががんばっていると思うことをスピーチにしてみましょう

④書くテーマが決まったら、原稿を書いていきます。書き方は自由ですが、もし書くのが難しいと感じたら、次の書き方を参考にしてください

テーマ　「漢字の覚え方」

【3点タイプ】
漢字を覚える方法を3つ紹介します。
1つ目は、鉛筆を持つ前に指で何度も練習することです。
2つ目は、部首や読み方を何度も音読することです。
3つ目は、間違えた問題だけノート書いて覚えることです。
ぜひ、この3つの方法を使って漢字を覚えてください。

【エピソードタイプ】
金曜日に実施している漢字テストはずっと100点です。
でも、この前のテストではじめて90点をとりました。「くやしい。もっと見直しておけば！！」本当にくやしくて家に帰ってからもずっとテストのことを考えていました。
それ以来、テストでは必ず2回は見直すようにしています。

【問題解決タイプ】
漢字を書くのが苦手な人はいませんか？　いますよね。
そんな人にぴったりの練習方法があります。それは、指書きです。
指書きは鉛筆を持って練習するよりも圧倒的に短時間で多くの漢字を練習することができます。さらに、トイレなどどんな場所でも練習できます。
今日から、ぜひ、指書きで漢字練習をやってみてください。

仕事スピーチ

学級をよくするためにスピーチしよう！

「係活動」「給食・掃除活動」
「委員会」などの仕事を
テーマにしたスピーチです

目的

　「仕事スピーチ」の書き方を紹介することで、だれもがスピーチ原稿を書けるようになることを目的としています。

教師の言葉がけ

＊学活の時間に、仕事スピーチの原稿を書く子への言葉がけです。

①仕事スピーチとは、「係活動」「給食・掃除活動」「委員会」などの仕事をテーマにして行うスピーチのことです

②たとえば、「係活動を毎日がんばる方法」や「図書の本をいっぱい借りてもらうには」などです

③仕事スピーチを書こうと思っている人は、まずは、当番や係、委員会などの仕事をふりかえってください

④テーマが決まったら、原稿を書きます。書き方は自由ですが、もし書くのが難しいと感じたら、次の書き方を参考にしてください

テーマ 「掃除をさぼらずやる方法」

【3点タイプ】
掃除をさぼらずにやる方法を3つ紹介します。
1つ目は、しゃべらずに一人でだまって動くことです。
2つ目は、隅々までゴミがないか探すことです。
3つ目は、友達が困っていたら助けてあげることです。
ぜひ、この3つの方法を使って掃除をやってみてください。

【エピソードタイプ】
昨日の掃除が終わり、グループでふりかえりをしているときです。
Aさんが「掃除が終わってやることがないなら声をかけ合おう！」と
言いました。自分のことだけでなく他人のことまで考えられるAさん。
「すごいなー」と心の中で思いました。
私も次からは、掃除時間に困っている人がいたら声をかけたいです。

【問題解決タイプ】
掃除をサボってしまう人によい方法があります。
それは、「しゃべらず」にやることです。「何だそんなことか」と思っ
たかもしれません。でも、よく考えてください。テストのときはみん
なしゃべらずにやりますよね。しゃべってテストでよい点はとれませ
ん。掃除も同じです。今日の掃除の時間からテストのように取り組ん
でみませんか。

友達スピーチ

学級をよくするためにスピーチしよう！

「友達への感謝」
「友達との付き合い方」などの
友達をテーマにした
スピーチです

目的

　「友達スピーチ」の書き方を紹介することで、だれもがスピーチ原稿を書けるようになることを目的としています。

教師の言葉がけ

＊学活の時間に、友達スピーチの原稿を書く子への言葉がけです。

①友達スピーチとは、「友達への感謝」「友達との付き合い方」など友達をテーマにして行うスピーチのことです

②たとえば、「Ａさんに伝える感謝の気持ち」や「昼休みにクラスみんなが楽しく遊べる方法」などです

③友達スピーチを書こうと思っている子は、まずは、友達との思い出などをふりかえってください

④書くテーマが決まったら、原稿を書いていきます。書き方は自由ですが、書くのが難しいと感じたら、次の書き方を参考にしてください

テーマ　「私の友達Aさん」

【3点タイプ】
私の友達、Aさんの素敵なところを3つ紹介します。
1つ目は、とっても優しいところです。
2つ目は、いつも明るくて元気なところです。
3つ目は、何事にも一生懸命取り組むところです。
Aさん、仲よくしてくれてありがとう！　これからもよろしくね！

【エピソードタイプ】
私の友達のAさんは、とってもやさしいです。
学校の帰り道のことです。1年生の女の子が「しくしく」と泣いていました。Aさんはスッとその子の所に行き「どうしたの？」とやさしく声をかけていました。本当に自然に声をかけていてかっこよかったです。
私もAさんのように「自然と」声をかけられる人になりたいです。

【問題解決タイプ】
朝、「何だか元気がでないなー」と思う人はいませんか？
そんな人は、Aさんと話すことをお勧めします。
Aさんは私の知る限り、いつも明るく元気で楽しませてくれます。「おはよー！」と返せば、倍以上の明るさで「おはよー！」と返してくれます。
明日の朝、ぜひ、私の親友Aさんと話してみてください。

礼儀スピーチ

学級をよくするためにスピーチしよう！

「あいさつ」「返事」
「ルールやマナー」など
学校生活においての礼儀を
テーマにしたスピーチです

目的

「礼儀スピーチ」の書き方を紹介することで、だれもがスピーチ原稿を書けるようになることを目的としています。

教師の言葉がけ

＊学活の時間に、礼儀スピーチの原稿を書く子への言葉がけです。

①礼儀スピーチとは、「あいさつ」「返事」「ルールやマナー」など学校生活においての礼儀をテーマにして行うスピーチのことです

②たとえば、「朝気持ちよくあいさつする方法」や「ありがとうの言葉をクラスにあふれさせよう！」などです

③礼儀スピーチを書こうと思っている子は、まずは、「あいさつ」や「返事」などで自分ができていることは何かをふりかえってください

④書くテーマが決まったら、原稿を書いていきます。書き方は自由ですが、書くのが難しいと感じたら、次の書き方を参考にしてください

テーマ　「靴を揃えよう！」

【３点タイプ】
下駄箱で靴をきれいに揃えて入れる方法を３つ紹介します。
１つ目は、靴のかかとを揃えて入れることです。
２つ目は、指差し確認をしてできていたら「よし」と声に出すことです。
３つ目は、友達と見合って、揃っているか確認することです。
これら３つの方法をぜひ試してみてください！

【エピソードタイプ】
先週、親戚の家に家族４人で遊びに行きました。
私が玄関で靴をぬいで、廊下を歩いていたそのとき、「Ａちゃん。靴をしっかり揃えられてえらいねー」と親戚のおばさんに言われたのです。
その言葉がすごくうれしくて、思い返してはニコニコしています。
これからも、意識して靴を揃えていきたいです。

【問題解決タイプ】
靴を揃えようと思っていても忘れてしまうことってありますよね。
そんな人は「ペア確認」をやってみてください。
ペア確認とは、ペアで靴が揃っているかどうか確認することです。１人では忘れてしまうことも２人でやれば安心ですよね。
ぜひ、今日の帰りの下駄箱でペア確認をやってみてください。

スピーチで自分とつながり生き方を見つめ直す

　「伝えたい」思いをスピーチにするためには、自分と対話する必要が出てきます。たとえば、スピーチの内容が「漢字の覚え方」なら

　「僕はどうしてこれをみんなに伝えたいんだろう？」
　「みんなにも僕のやり方を真似してほしいけど、何を真似してもらったら効果があるだろう？」

　そんなことを考えることが自分との対話につながります。この対話が

　「自分とつながり生き方を見つめ直す」こと

　につながるのです。

　「自分が実践してよかったと思うこと」「自分が今感じていること」が聞き手に伝わる。聞き手からあたたかいフィードバックがもらえる。そして、自分のスピーチで相手の行動や心が変容する。このようなスピーチを繰り返すことで、クラスの雰囲気も確実に変わっていくのです。

　問題は、このスピーチを「いつするのか」です。基本的には、朝のスピーチ活動で行います。第2章で紹介した20のスピーチ活動を一旦やめて、このスピーチをやります。
　よって、スピーチの時間は長くても5分以内に終わるようにします。やり方は以下のようにします。

1　原稿を見ながらスピーチをする（1分程度）
2　スピーチを聞いた子が、プラスのフィードバックをする（2〜3分）
3　スピーチした子に感想を聞く（30秒程度）

　1日でやるスピーチは1人か2人にします。10人希望者がいれば、5〜10日に分けてスピーチをすることになります。

　原稿は学活の時間に全員が書きます（原稿を書くことが自分との対話につながるので、書くのは全員が書きます）。ただし、スピーチは希望者のみとします。子どもたちには次のように伝えます。

　「原稿を書くことが自分との対話につながります。だから、書くだけで価値があるんだよ。その上で『みんなにスピーチを聞いてもらいたい！』って思う子はぜひ、スピーチしてください」

　スピーチ原稿を「もっと書きたい」「書き直したい！」という子が必ずでてきますの、「もちろん！　どんどん書いて！」とOKを出します。

　学期末では、学活などの時間を使ってスピーチ大会を行います。まだスピーチしていない子を中心に「みんなの前でスピーチしてみよう！」と背中を押してあげます。

　強制はしませんが、背中を押してあげることは大切です。背中の押し方はいろいろあって、「くじで当たった子がやる！（本当にできないなら断ってOK）」「友達から推薦された子がやる！」などです。

　また、全体の場でのスピーチだけでなくグループでのスピーチや、友達同士集まってのスピーチなど、場もいろいろと工夫してあげます。「やってみたい」と思える工夫を、あなたがいろいろ試してみてあげてください。

第 **5** 章

- - - - - - - - -

授業でも
「伝えたい」と思える
クラスの雰囲気づくり

変えるべきは「子ども」ではなく「教室の雰囲気」

1 授業で発表しない原因もクラスの雰囲気にあり！

　発表をしない大きな理由に「間違えたら恥ずかしい」があります。特に、高学年になればなるほど、その傾向が大きくなります。

　間違えたら恥ずかしいと思うのは、「間違えてよかった」「間違えることって結構楽しいかも」そんな経験が乏しいからです。

　クラスの雰囲気が「間違い」を楽しめる雰囲気になっていないのです。

　たとえば、教員の研究会で、多くの先生は「意見を言うこと」をためらいます。これは、意見を言わない先生が、悪いわけでは決してありません。あまり親しくない人たち、何だか自分よりも立派に見える人たちの前で「発表しよう」とはなかなか思えません。やっぱり、「間違えたらどうしよう」「変なことを言ったらどうしよう」と思ってしまいます。

　変えるべきはその場の雰囲気です。

　それは司会の方の声かけかもしれませんし、研究協議のやり方かもしれません。つまり、「発言するため」には何かしらの手立てが必要なのです。

教室でもまったく同じです。変えるべきは「子ども」ではありません。教室の雰囲気なのです。何の手立ても打たずに、子どもが「発表したい！」と思うことは、ほぼありません。では、どんな手立てをとればよいのでしょうか。私は次の２つの手立てをとることが多いです。

　１つ目は、教師がわざと間違えることです。

　子どもに間違えさせる必要はないのです。あなたがわざと間違えればよいのです。あなたがわざと間違えてその様子を子どもが楽しむ。「間違えるって楽しい」そんな雰囲気をつくっていくのです。

　２つ目は、教師が楽しさを加えることです。

　子どもが発表しないのは「間違えたくない」という気持ち以外に「発表が楽しくない」と感じているからです。クラスの雰囲気が「発表を楽しむ」雰囲気になっていないのです。

　たとえば、教師が発問し、挙手した子を指名し発表させる。いわゆる挙手指名です。これは、工夫のない発表の仕方の典型です（やってはダメと言っているわけではありません。挙手指名のみの授業だけでは工夫がないと言っているのです）。この発表の方法では、発表を楽しめる子は一部の子だけです。

　あなたが一手間加えて、授業に「楽しさ」を加えることが大切です。「そして、「発表するのって楽しい」そんな雰囲気をつくっていくのです。
　次ページからは、「教師がわざと間違える」「教師が楽しさを加える」発表の仕方を６つ紹介します。

2 授業で「伝えたい」気持ちにさせる　6つの発表方法

ここでは、次の6つの発表方法を紹介します。

【教師がワザと間違える】
　　No.1　ストーリー発表
　　No.2　なりきり発表
　　No.3　おとぼけ発表

【教師が楽しさを加える】
　　No.4　限定 発表
　　No.5　お助け 発表
　　No.6　立候補 発表

　No.1からNo.3までは、教師がワザと間違えることで「発表したい」気持ちにさせる取り組みです。No.4からNo.6は、教師が楽しさを加えることで「発表したい」気持ちにさせる取り組みです。以下にそれぞれどんな発表かを紹介します。

〈教師がワザと間違える〉

　No.1の「ストーリー発表」では、何かの「ストーリー」を話す際、ところどころ「間違いを入れて」話し、間違いを子どもに指摘してもらいます。
　たとえば、国語の物語の「あらすじ」などがそうです。あなたが、ところどころ「間違ったあらすじ」を言い、子どもに間違いを発表してもらいます。こうして「間違えるって楽しい」雰囲気をつくっていきます。

No.2の「なりきり発表」では、物語の登場人物になりきってインタビューに答えます（演劇的手法の「ホット・シーティング」と呼ばれるものです）。記者会見をイメージしてもらえればわかりやすいかと思います。

　登場人物になりきるのは、最初、あなたがやります。インタビューを子どもにしてもらい、物語の内容とは少しズレた回答をします。そのズレを子どもに指摘してもらいます。慣れてくれば、「なりきって演じたい」という子が出てくるので、その子にやってもらいます。

　No.3の「おとぼけ発表」ではあなたが何度も間違いながら話して、間違いを子どもにつっこんでもらいます。低・中学年に有効な発表の方法です。たとえば次のような感じです。

教師　「みんな！　１＋１の答えは３だよね！」
子ども「えー！！　先生、ちがうよーー！！」
教師　「ごめん、ごめん、正解は４だ！！」
子ども「先生！　だからちがうって！！　２だよ２だよ！」
教師　「えっ！？　６？　みんなの方がかしこいから正解を教えて！」
子ども「正解は２！！」
教師　「そうか！　２か！　でも、どうして２になるの？　それも教えて！！」
子ども「りんごを１個買って、もう１個買ったら１と１で２でしょ！」
教師　「なるほど！　勉強になりました！」

　これは極端な例ですが、でも、こうやって「あなたがわざと間違う」ことによって子どもは「発表してみたく」なるのです。
　また、正しい答えを子どもが説明することで実は学習内容を確認することにもつながります。

〈教師が楽しさを加える〉

　No.4の「限定発表」では、教材などを「これでもか！」というくらい限定して問い、発表してもらいます。たとえば、重要な所だけを（　　　）にして示すなどがそうです。次のような感じです。

　ドラえもんに出てくる道具で、空を飛べる道具は（　　）コプターです。

　答えは「タケコプター」ですね。ここまで、限定することで「発表したい」を子どもたちから引き出します。
　また、詩の暗唱でも限定することができます。詩を、全文暗唱するのではなく、題名と作者名だけ暗唱するなどです。

　「私と小鳥とすずと　金子みすゞ」　ここだけを覚えて暗唱します。

　このように、限定することによって思考が活性化され「発表って楽しい」が生まれてきます。

　No.5の「お助け発表」では、一人ではなくだれかと一緒に発表してもらいます。つまり、発表が不安な子に「お友達と一緒に発表してもよいから発表がんばってみない？」と背中を押してあげるのです。
　私がよくやる「お助け発表」は算数です。たとえば、三角形の面積の求め方を前に出て発表する際「一人で発表するのが不安な子は、発表が得意な子や算数が得意な子と一緒に発表してもいいよ」と声をかけてあげます。
　「あの子とならやってもいい」と思う子は、クラスに必ずいます。そして、だれかと一緒だと安心して発表が楽しくなるのです。

No.6の「立候補発表」では、発表しようと思う気持ちを大切にしてもらいます。そのために、発表を強制するのではなく立候補制にするのです。特に、4月の最初は丁寧に、子どもたちに語ります。

　「みんなの心の中には、『勇気の炎』というものがあります。授業中、発表しようと思うことがあるでしょう。そんなとき、勇気の炎がぼっと燃えるのです。
　でも、間違えたら恥ずかしいと思って、その勇気の炎を自分で消してしまうのです。そうではなく、勇気の炎をたくさん燃やして、どんどん挑戦してほしいと思います。
　今から発表できる人？　と聞きますので、勇気の炎が燃えている人はぜひ手を挙げてください！　ではいきますよ！　発表できる人？」

　手を挙げてくれた子に、次のように伝えます。

　「手を挙げた子は自分から発表したいと思って手を挙げてくれました。この気持ちを大切にしてくださいね。そして、今回手が挙がらなかった人。安心してください！　いつか、勇気の炎を消さずに燃やし続けられるといいね。無理せず、1年かけて挑戦してくれれば大丈夫です」

　このように、手を挙げたこと（発表しようと思う気持ち）に価値をおきます。
　また、「発表しようと思う気持ち」を大切してほしいことは1年中、子どもに語り続けます。特に「勇気の炎を消さずに燃やし続けようね」は何度も言い続けます。強制された発表によって何度も発表するよりも、自分から「発表したい」と思って1回発表することの方が何倍も価値があると私は考えています。

ストーリー発表

教師がワザと間違える

> みんなは、小さな声で「おい」とよびました。「おうい。」と、くじらもこたえました

目的

　間違ったあらすじを教師が言うことによって、「間違えるって楽しい」と思える雰囲気をつくることを目的としています。

教師の言葉がけ

＊１年国語「くじらぐも」のあらすじ指導の時の言葉がけです。

① 今から、先生が「くじらぐも」のあらすじを話しますね

② ただし、話の中に「間違い」があるので、「先生、間違っているな！」と思ったら答えを言わずに手を挙げてください

③ それでは、始めます。１年２組の子どもたちが運動場で体操をしています。すると、空に大きなくじらが表れました。真っ白い、雲のくじらです。「一、二、三、四」。くじらも、体操を始めました

子どもは教科書を見ながら聞いてもかまいません。見なくても大丈夫という子には「すごいねー!!　でも、チラッと見ても大丈夫だからね」と声かけをしてあげます。

④みんなは、小さな声で「おい。」とよびました。

　ここで「はい!　はい!　はい!」と元気よく手を挙げる子が出てきます。「小さな」と「おい。」が間違いだからです。挙手している子を指名して正解を発表してもらいます。正解は「大きな」と「おうい」です。
　このようにして、あなたがわざと間違えることで楽しい雰囲気をつくっていきます。また「間違いがわかる」ということは、「学習内容を理解している」ということでもあります。「すごい!　手を挙げてくれた子は、みんな、くじらぐものあらすじを理解しているんだね!!」などと価値づけることもできます。
　このストーリー発表は、国語の「あらすじ」指導以外でも応用が可能です。

・社会の動画を見た後に、動画の内容を確認するとき
・社会科見学や校外学習後に、学習内容を確認するとき
・単元のまとめで、これまで学習した内容を確認するとき　　など

|ポイント|

●間違いを見つけたら、すぐに答えを言うのではなく挙手をして「発表したい」
　という意志表示をしてもらう
●「間違いを指摘できる」ことは「学習内容」を理解していることなので、教師が
　そのことを積極的に価値づける

なりきり発表
教師がワザと間違える

目的

　登場人物になりきり、少しズレた答えを教師が言うことによって、「間違えるって楽しい」と思える雰囲気をつくることを目的としています。

教師の言葉がけ

＊5年道徳「手品師」で教師が手品師になりきって、インタビューに答えるときの言葉がけです。

😊 ①今から、先生が「手品師」になりきってインタビューに答えます

😊 ②みんなは手品師である先生に質問をしてください。その質問に先生は答えていきます

😊 ③先生が「手品師」役になって質問に答えるのですが、ときどき、間違ったことを言ってしまうので、そのときは訂正してくださいね！

　この後、質問を考えてもらいます。当然ですが、物語の内容に関連する

質問を考えてもらいます。たとえば、今回の手品師の話なら「手品師の生活の様子」や「家族構成」「男の子との約束」「友人の誘い」などについてが関連する質問になります。

😊 ④それでは質問をお願いします。一人につき質問は1個です

「結婚はしていますか？」
→「いいえ。していません。お金がなくて結婚どころではありません」
「どうして男の子のところに行ったのですか？」
→「大劇場に出ても、そんなにお金がもらえないからです」
「えっ？　お金目当てで子どものところに行ったんですか？　おかしくないですか？　男の子のところに行ってもお金はもらえませんよ！」
→「ごめんなさい！　間違えました！　男の子のところに行ったのは、男の子の笑顔が見たかったからです！」

　このように、あなたが物語の内容とは少しズレた答えをして、子どもに訂正してもらいます。この訂正が「発表したい」を生み出します。
　ただし、やりすぎると物語の設定を壊してしまうので気をつけます。また、子どもから「ぼくもやりたい！」という声が上がる場合があります。子どもが登場人物になりきるときは、ふざけないように充分に気をつける必要があります。

|ポイント|

- 質問を考えるときは物語の内容に関連する質問にする
- 教師がズレた答えを言うときに、やりすぎてしまうと物語の設定を壊してしまうのでやりすぎないように気をつける

おとぼけ発表
教師がワザと間違える

目的

　教師が何度もとぼけて間違い、間違いを子どもが指摘することによって、「間違えるって楽しい」と思える雰囲気をつくることを目的としています。

教師の言葉がけ

＊3年理科「じしゃく」の実験で、アルミ缶は磁石につかず、スチール缶は磁石についたときの教師の言葉がけです。

😊 ①実験結果から「アルミ缶は磁石につかない」「スチール缶は磁石につく」ことがわかりました。

😊 ②でも、今回たまたまアルミ缶の調子が悪かっただけで、明日になればきっとアルミ缶も磁石につくと先生は思うんだ。だって、スチール缶もアルミ缶も同じ缶だからね！

😊 ③先生の意見に賛成だよっていう人いますか？

このように、あなたがしっかりと理由をつけてとぼけて見せます。その上で子どもに訂正してもらいます。

④ **だれも賛成がいないんですね。では、正しい答えを教えてください**

次のような感じで、子どもと応答していきます。

子ども「先生！　アルミ缶は鉄じゃないから磁石にはつきません！」
教師　「えっ！　そうなの？　でも、アルミは確か電気を通しましたよ！　電気を通したんだから、磁石もつくんじゃないの？」
子ども「先生！　電気を通すのは金属です。磁石につくのは金属の中の鉄だけです。アルミ缶は鉄じゃないからつかないんです！」
教師　「なるほど！　鉄だけが磁石にくっつくんですね。勉強になりました」
教師　「みんなの学びが深まったから間違えてよかったです！」

このように、あなたが少しおとぼけて間違うことによって「間違えるって楽しい」を演出していきます。また、あなたの間違いを訂正していくことで、学習内容を確認することにもつながっています。そして、「間違うことで学びが深まる」ことを間違った本人であるあなたがメッセージとして伝え、「間違い＝学び」という雰囲気を意図的につくっていきます。

| ポイント |

- 「とぼける」のは学習内容を確認するためでもある。子どもを笑わせることが目的とならないよう気をつける
- 「間違い＝学び」であることを間違った張本人である教師が強調して伝える

限定発表
教師が楽しさを加える

目的

　教師が教材を限定し、子どもが思考することによって、「発表するって楽しい」と思える雰囲気をつくることを目的としています。

教師の言葉がけ

＊2年国語「ふきのとう」の学習で、「さむかったね。」「うん、さむかったよ。」の2文だけを音読するときの教師の言葉がけです。

🧑 ①「さむかったね。」「うん、さむかったよ。」の2文だけを音読します。

🧑 ②読んでくれる人はいますか？　Aさん読んでみてください。

＊Aさんが元気よく読む。

🧑 ③Aさんありがとうございます。Aさんの読み方とっても上手でした！　朝の元気な様子な伝わってきます。でも、ここでは、そんな風に読みません。では、どう読めばいいでしょうか？

子どもたちはいろいろな考えを発表します。

「『寒かったね』と書いてあるから、寒そうに読んだ方がいい！！」

「『朝のひかりを浴びて』と書いてあるから、少し眠そうに読んだ方がいい！」

どれも「そうかー！」「なるほど！」と驚いてみせます。あなたが驚くことで、子どもはどんどん発表してくれます。でも、答えはまだ言いません。

👩 ④それじゃ、自分が考えた読み方で読んでみてください。

このように、限定して示すことで「どう読めばいいんだろう？」と考えるようになります。正解は、「『さむかったね。』『うん、さむかったよ。』とささやいています。」と書いてあるのでささやきながら読むのが正解です。

ただ、正解することよりも「限定された中で思考する」ことに価値があります。そして、そこに楽しさが生まれ発表しようとなるのです。

限定発表は他にも「（　　　　）など穴埋め問題で『答えは何か』を考えて発表する」「写真の一部だけ見せて『何の写真か』を考えて発表する」などができます。いろいろと応用可能なのでぜひ、あなたの思う限定発表をやってみてください。

| ポイント |

● 「正解すること」よりも、限定された中で「思考すること」を通して、学習の楽しさをつくり出していく

● 限定発表は、いろいろと応用が可能なので、どんなときにできるか考えるようにする

お助け発表
教師が楽しさを加える

発表した7名のだれかを
「お助け役」として指名して、
一緒に発表しても構いません

目的

　発表の苦手な子が、発表の得意な子と一緒になって発表することによって、「発表するって楽しい」と思える雰囲気をつくることを目的としています

教師の言葉がけ

＊5年算数「三角形の面積」の学習で、三角形の面積の求め方を、発表し終わった後の教師の言葉がけです。

①先ほど教室の前に出て、三角形の面積の求め方を7人の子が発表してくれました。**長方形や平行四辺形にして求めていましたね**

②まったく同じ内容でもよいので、**まだ発表していない子は、前に来て発表してほしいと思います**

③そうは言っても「一人で発表するのは恥ずかしいな」と思う子がいるのもわかります。そこで、**さっき発表した7名のだれかを「お助け役」として指名して、一緒に発表しても構いません**

「同じ内容でもよいので」と前置きするのは大切です。「発表が苦手」と感じている子には、こういった言葉をかけて、安心させてあげる必要があります。

　また、三角形の面積の求め方を一度発表してもらっているのは、発表が苦手な子に「発表の様子」を見てもらい「自分もできそう」と感じてもらうためです。その上で、「お助け役」を設けて「発表に楽しさ」をプラスします。

👧 ④それでは「発表できるよ！」という人は、手を挙げてください。では、Ａさん、お願いします。だれを「お助け役」として指名しますか？　Ｂさん。指名されたので、お願いします。Ａさんの側にいて、Ａさんが発表に困ったら、助けてあげてください

　「一緒に発表」と言っていますが、実際はＡさんが一人で発表します。Ｂさんは、側で見守るのが主な仕事です。不思議なことに、だれかが側にいて助けてくれるとわかると、一人で発表できるものです。Ｂさんにとっても「だれかに頼られた」といううれしさが残ります。

　また、Ａさんの発表が終わった後は、自然とあたたかな拍手が生まれます。この拍手が「またやりたい」を生み出すきっかけとなりますし、あなたが価値づけるチャンスでもあります。

| ポイント |

- ●「同じ内容でもよいので発表してほしい」と教師が言うことによって、発表が苦手な子を安心させてあげる
- ●お助け役に選ばれた子は、側にいて見守るのが主な仕事になる
- ●発表をがんばった子へのあたたかな拍手が「またやりたい」を生み出し、価値づけのチャンスとなる

立候補発表

教師が楽しさを加える

目的

　教師が「発表しようと思う気持ち」にフォーカスすることによって「発表するって楽しい」と思える雰囲気をつくることを目的としています

教師の言葉がけ

＊４年社会「ダム」の学習で前時に学習した「ダムの役割」について発表してもらうときの、教師の言葉がけです。

🙂①昨日、ダムの役割について学習しました。大きく３つの役割がありましたね

🙂②今から、３つのダムの役割について発表してもらいます

🙂③まずは、隣同士で、確認し合ってください。その後、「発表できる！」という人に発表してもらいます

全体発表の前に、ペアで答えを確認することをよくやります。これだけで全体発表への抵抗をやわらげることができます（答えを確認し合って安心するというのは大人だってありますよね）。

👩 ④今から「発表できる人？」と聞きますので、「少しでもやってみたい！」と思った人は手を挙げてください。ではいきますよ！　「発表できる人？」

　この言葉がけが立候補発表の肝です。いきなり、挙手を求めるのではなく「今からやりますよ！」とワンクッション入れるのです。こうすることで、「よしやるぞ！」という気持ちが生まれます。さらに、あなたが笑顔で楽しそうにしながら聞くことで「わくわく感」が生まれます。

👩 ⑤今、15人の子が挙手をしてくれました。「発表しよう」と挑戦してくれたことが何よりうれしいです。この気持ちを大切にしてくださいね

　ここも重要なポイントです。「発表したこと」ではなく「発表しようと思う気持ち」にフォーカスを当てて価値づけていきます。「発表した」という結果よりも「発表しようと思った」という意識を価値づけることで「発表したい」と思う子が増えていきます。

| ポイント |

● 全体発表の抵抗をやわらげるために、ペアで相談する時間をとる
● いきなり挙手を求めないでワンクッション入れると、「わくわく感」が生まれる
● 「意識」を価値づけることで、「発表したい」子が増えていく

「クラスの雰囲気をつくる
スピーチ指導」に関する

Q&A
10選

Q&A

「クラスの雰囲気をつくるスピーチ指導」に関するQ&Aを10個示します。お読みいただき、日々の指導の参考にしていただければ幸いです。

> **Q1** これまでは、日直順で一人ずつスピーチをしていました。スピーチを全員経験することが大切だと思ったからです。朝の活動のスピーチでは、全員にスピーチの経験をさせなくても大丈夫でしょうか？

　大丈夫です！　大切なのは「スピーチしたい」という気持ちです。強制されたスピーチはスピーチ嫌いを量産してしまいます。「やりたい！」という子どもの思いをまずは大切にしてあげてください。

　それでも、多くの子にスピーチを体験させたいと思われるなら、次のような方法もあります。

・くじやビンゴで当たった子がスピーチをする
・友達の推薦でやってもらう。もしくは一緒にやる
・先生の推薦でやってもらう

　この方法でやる際に気をつけたいのは、同調圧力によって「仕方なくやる」という子を生み出さないことです。よって、この方法でやるときは、できないときは遠慮なく「できません！」と言える雰囲気があることが前提です。

　また、国語の授業のスピーチ単元では「全員スピーチ」はあり得ます。あくまで、朝の会などの授業外で指導する場合だとお考えください。

朝のスピーチ活動例が20紹介されていますが、どういう順番でやったらよいのでしょうか？　効果的な順番があれば、ぜひ、教えてください。

　まずは、【心に浮かんだ言葉を伝える】で紹介しているNo.1「写真で一言」No.2「物で一言」No.3「テーマで一言」をやってください。

　なぜ、この活動から、はじめてほしいのかというと、スピーチの大前提は「自分の伝えたい思いを伝える」ことだからです。まずは、これらの活動を通して「自分の心の中で感じたことを言葉にする」練習をします。この練習が、結果的にスピーチの内容を考えるときに大切になってくるのです。

　慣れてきたら、No.4「続けて一言」No.5「感謝の一言」をやっていきます。こちらの２つは、上記の３つに比べると少し難易度が高いのでクラスの様子をみて実施してみてください。また、「感謝の一言」は運動会など行事後にやるのもおすすめです。

　次に取り組むのは、【殻を破る】か【言葉でつながる】活動のどちらかをおすすめします。クラスに盛り上げ役の子が何人かいて、雰囲気が明るいクラスなら【殻を破る】の活動を先にやると、勢いがついて楽しくなると思います。【言葉でつながる】の活動は、おとなしいけど優しい子たちが多いクラスにぴったりです。１つ２つそれぞれのスピーチ活動をやってみて、子どもの反応がよかった方を続けてみるというのもありかと思います。

　最後に取り組むのは【反応を楽しむ】活動です。ここでの活動は、本格的なスピーチをすることが多いです。よって最後に取り組むのがおすすめです。やってみて「少し難しいかな」と感じたら、無理せず別の種類の活動をしてください。楽しさのない学習は苦痛でしかありませんので！

Q3 朝のスピーチ活動は「5分で終わる」と書いてあったのですが、どうしても5分で終わりません。5分で終えるにはどうしたらよいでしょうか？　コツがあれば教えてください！

　朝のスピーチ活動の大まかな流れは次のようになっています。

1　教師の説明・例示
2　スピーチ活動
3　感想発表

　1の「教師の説明・例示」は、どうしても長くなってしまいます。ここに時間がかかって5分を超えてしまうかもしれません。ただ、この活動は慣れてくるとカットすることができるので、慣れるまでは必要な時間だと割り切ってくださるとありがたいです。

　2の「スピーチ活動」では、スピーチする人数によって時間を調整します。時間がない日は、スピーチは1人と限定してやってください。逆に時間がとれる日は、3人・5人とスピーチする人数を増やしてあげてください。

　3の「感想発表」は、時間がなければカットしてください。 朝のスピーチ活動は、できる限り毎日取り組んでほしいと考えています。「時間がかかるからスピーチ活動をやらない」となってしまうくらいなら、この時間はカットしてもらって大丈夫です。

　ただ、【反応を楽しむ】のスピーチ活動は、なるべく感想発表の時間をとってほしいです。ここの感想発表は、スピーチした子が「イヤな思い」をしていないかを確認するための時間でもあります。

　どうしても時間が取れない場合でも、後で「あなたが確認する」などの配慮はしてあげてください。

朝のスピーチ活動をふざけてやる子がいて、スピーチ指導になっていないと感じることがあります。ただ、子どもたちは楽しく活動に取り組んでいるので、クラスの雰囲気は悪くないように感じます。このまま続けて、大丈夫でしょうか?

　もう一度子どもたちに「スピーチの目的」を語ることをおすすめします。楽しくやるのとふざけてやるのはまったくちがいます。ふざけてしまうのは、朝のスピーチ活動の目的を意識していないからです。もう少し言うと、子どもたちが「楽しさ」を履き違えている可能性もあります。

　ふざけてスピーチ活動をしている子の「楽しさ」は、「自分勝手に振る舞える楽しさ」や「仲のよい友達だけで盛り上がる楽しさ」です。つまり、相手のことを考えていない楽しさです。

　この楽しさをそのままにしておくのはいけません。もう一度、本書のスピーチ活動の目的を読み直して、あなたがスピーチ活動の目的を語って価値づけていくのが大切です。朝のスピーチ活動には4つの種類があって、それぞれに目的があります。以下に簡単に示しましたので、ご確認ください。

1　心に浮かんだ言葉を伝える…自分の心の中で浮かんだ言葉を大切にする
2　殻を破る…「前に出てスピーチしたい」と思えるようになる
3　言葉でつながる…「相手の意見を大切にしよう」と実感できる
4　反応を楽しむ…スピーチする子が、クラスみんなに受け入れられている

Q5 朝のスピーチ活動では、最後に感想発表の時間があります。ただ、毎日やっているとマンネリ化してきて、いつも同じ子が発表し、同じような感想になってしまいます。どうしたらよいでしょうか?

　いつも同じ子でも構いませんし、同じような感想になっても全然気にしません。もっと言うと、「いつも感想を言ってくれてありがとうね」と感謝の気持ちを伝えます。

　朝のスピーチ活動では、教師が「指導しよう」と思いすぎない方がよいです。それよりも「子どもと一緒に楽しもう」と思うようにしてください。

　マンネリ化していると感じたなら、あなたがちがう視点での感想を発表してあげてください。目一杯、盛り上げてあげてください。楽しい雰囲気になれば、子どもたちはいきいきと感想を発表してくれます。そして、その姿をたくさん価値づけてあげてください。そうやって、子どもと一緒になって、朝のスピーチを創りあげていってほしいなと思います。

　それでも、マンネリ化しているのが気になるという方は、次のことも試してみてください。

・毎日の感想発表をやめ、1週間に一度などにしてみる。
・子どもの感想発表はやめにして、教師が「スピーチのまとめ」として感想を述べる。
・そもそも、感想発表の時間をなくしてみる。

　繰り返しになりますが、子どもの「楽しい!」「やってみたい!」という気持ちを大切にしてあげてほしいです。それには、あなたの「あたたかい声かけ」が一番です。

Q6 「聞こえません」とは言わないと指導しても、言ってしまう子がいます。また、「どんな聞き方がよい聞き方か」を決めても、まったくやろうとしない子がいます。どうすればよいでしょうか？

　明らかに相手を不快にさせるような聞き方をしているなら、「今の聞き方は、発表した子がイヤな気持ちになると先生は思います。だから、やめた方がよいですよ」とアイメッセージで伝えます。

　このように「何が悪いのか？」を明確に伝えることはやはり必要です。ただし、その場合でも頭ごなしに指導をする必要はありません。あくまでアイメッセージで伝えます。

　また、「○○さん。どうしたの？　体調でも悪い？」などと、聞き方を注意するのではなく、その子自身に気づきを促すために「どうしたの？」と問いかけることもよくやります。

　「どんな聞き方がよい聞き方か」を決めても、まったくやろうとしない子は必ずいます。これは、あなたが「そんなものだ」という気持ちで接することが大切です。

　「ちゃんと決めたんだからしっかりやりなさい！」などとお説教は言わないことです。お説教をすればするほど、本来の目的とはちがう方向へいってしまいます。

　大切なのは、目の前にいる子どもの素敵な姿を見つけ、あなたの言葉で価値づけることです。お説教ではありません。目の前に見える、子どもの素敵な姿を見つけ、価値づけることがあなたの大切な仕事なのです。そして、その方が子どもは「よく聞く」ようになっていきます。

今まではスピーチ原稿を覚えることも勉強だと思って、「スピーチは暗記しなさい」と指導してきました。でも、この本には「原稿見ながらスピーチしていい」とあります。本当に原稿を見ながらスピーチして大丈夫でしょうか？

　はい。大丈夫です。スピーチで大切なのは「伝えたい思いがあり、相手に伝わる」ことです。伝えたい思いが書いてある原稿が大切なのであって、覚えてスピーチすることが大切なのではありません。原稿を見ても相手に自分の思いが伝わればよいのです。

　スピーチすることは、プレゼントを渡すことと同じです。大切なのはプレゼントの中身です。スピーチを暗記することは、プレゼントの箱をデコレーションするのと同じです。

　スピーチを暗記して、身振り手振りをつけてスピーチする。これはこれで素晴らしいことです。でも、ここばかりを求めてしまうのは本末転倒です。まずは、スピーチの内容にこだわりたいです。「どんな思いをもってそのスピーチをしているのか」それが大切です。

　ただ、「原稿は堂々と見てもよい！」とあなたが強く主張すると、逆に「見ないでもできる！」という子が必ずあらわれます（やるなと言われるとやりたくなる。ダチョウ倶楽部方式ですね 笑）。そんな子がいればしめたものです。次のように力いっぱい価値づけます。

　「Aさんは見ないでもスピーチできるってすごいなー！　もちろん、見なくてもできるなら原稿見ないでスピーチしても大丈夫です。でも、無理しちゃダメだよ！　原稿は見ても大丈夫だからね♪」

　こうやって価値づけることで、原稿を見ないで発表しようと思う子が増えていきます。

スピーチを書く際に「スピーチのテーマが思いつかない」という子がいます。「勉強」「仕事」「友達」「礼儀」の４つのテーマで書けばいいと伝えているのですが、それでも難しい子がいます。どうすればよいでしょうか？

「うまくいったこと」をスピーチの内容にしようとすると難しく感じる子が出てきます。テーマがなかなか決められない子には次のように伝えます。

「スピーチの内容は『うまくいかなかったこと』でも大丈夫ですよ。たとえば『算数のわり算がどうしても苦手！　だれかよい方法を教えて！』をスピーチ内容にしてもよいということです。また、『こんなことをがんばっている』でもOKです。係活動や委員会などがんばっていることをスピーチの内容にしてもいいですよ！」

このように伝えてあげると「なんだ！　そんなことでよいのか！」と思い、気軽に書くことができます。

また、原稿の書き方は「３点タイプ」をお勧めします。「苦手な理由」や「がんばっている理由」を、１つ目は～、２つ目は～、３つ目は～とすると書きやすくなります。子どもたちも「３点タイプが一番わかりやすて伝わりやすいよ！　悩んだら３点タイプで書くのがおすすめだよ！」と話します。

ただし、大切なのは原稿の書き方ではなく原稿の内容です。どんな書き方でもよいので、その子が自分の心の中で感じていることを文章にするのが一番です。

Q9 スピーチを「やりたい！」と思って立候補してくれた子の、声が小さすぎて聞き取れないことがあります。せっかくスピーチに挑戦してくれたのだから、声がもう少し大きくなるとよいなと思います。この場合、「次からは、もう少し声を大きくしてみよう！」と指導しても大丈夫でしょうか？

　その子と先生との関係性や、その子がクラスのみんなにどれくらい受け入れられているかで声かけは変わってきますが、基本的には「声の大きさ」は指摘しません。

　それよりも「挑戦したこと」を価値づけます。たとえば次のような言葉がけを私はよくします。

・「スピーチをやってみよう」と思い、実際に「やってくれた」ことがすごくうれしいです。ナイスチャレンジです！
・ありがとう！　Aさんのスピーチの内容、心に響きました！　Aさんがチャレンジしてくれたからだね！
・Aさんのチャンレジする姿を見て、「よし、次は自分も！」と思った子がきっと何人もいると思うよ！

　これは、スピーチだけの言葉がけではありません。「発表をがんばった子」にも同じように声かけができます。

　また、「声が小さいな」と感じたら、その子の側に言って聞くこともします。その子が自分の心の中で紡ぎ出した言葉を「しっかりと受け止めてあげたい」と思うからです。

　「もう少し大きな声で！」と指導することは簡単です。でも、それ以上に大切なのは、その子が「次も発表したい」と思えることです。それは、指導者であるあなたの言葉がけで決まるのです。

指導しようと思わなくて大丈夫です。スピーチ原稿をつくる際に「自分
の大切にしていることは何か？」を考えながら原稿をつくります。その過
程が生き方を見つめ直すことにつながるからです。

あなたは、スピーチ原稿づくりの際に「自分と向き合える」よう声かけ
をするだけで大丈夫です。たとえば次のような声かけです。

・すごくよいテーマだね！　どうしてこのテーマにしようと思ったの？
・このスピーチであなたが一番伝えたいことって何かな？
・Aさんは「自分と対話」することができてるね！　この「○○○○」と
　いう文章は、Aさんが自分と向き合ってるからこそ出てくる言葉です
　ね！
・Bさんの「伝えたい思いが」すごく伝わってきます！　自分と一生懸命
　対話したんだね！

4つの声かけのうち、上の2つは子どもに「自分が何を大切にしている
か？」を問う声かけです。下の2つは「あなたの大切にしている思いが伝
わったよ！」と伝える声かけです。

質問することによって気づきが得られます。あなたが指導して「教える」
のではありません。子どもがあなたの問いかけによって「気づく」ことが
大切です。

また、あなたが「あなたは自分と向き合えているよ！」と子どもに価値
づけしてあげるのも大切です。言葉がけ1つで、無意識であったことが意
識できるようになるのです。

おわりに

「もっともっと子どもにとって価値ある教師になりたい」

　私が教員になってからの変わらない思いです。20代の私はまさに学びに飢えていました。

　教員４年目にTOSS横浜という教育サークルに参加することにしました。サークル例会では、目から鱗の連続でした。「こんなやり方があったのか！」「これは次の日にぜひ子どもたちに授業してあげたい！」毎日が楽しくて仕方がありませんでした。

　土日は片道１時間以上かけてセミナーに参加したり、サークル例会で模擬授業をしたりしました。夜は懇親会。仲間とともに教育のことを語り続けました。

　クラスの子たちもみるみると変わっていきました。普段の発表もバンバンやるようになり、スピーチも大きな声で堂々としゃべれる子が育っていました。

　20代の私はとにかく「教育技術」を習得し、磨きあげることに一生懸命でした（このときの学びは今でも私の大きな財産となっています）。

「先生がすべて教えてあげる！」
「先生の言う通りやれば必ず成長できる！」

　そんな思いで子どもと接していました。スピーチも型を教え、何度も練習し、時には、厳しく評価し全員に強制してきました。

転機が訪れたのは、結婚し第1子が生まれた頃でした。今まで好き放題学んでいたことが、（当然ですが）できなくなったのです。

　もっともっと学んで成長したい。でも子育ても大切にしていきたい。そんな葛藤の中、出した結論はTOSS横浜の活動をしばらく休むことでした。
　当時は、学びたいのに学べないジレンマでイライラすることもありました。でも、今にして思えば、「今までの教育を見直すよいきっかけ」となったと思います。

　TOSSの活動を少し離れ、新しく出会ったのが演劇的手法でした。夏休みに（妻の許可をもらい）参加した東京学芸大学の渡辺貴裕先生のワークショップはとても新鮮でした。

　一方的に「やり方」を教えてもらうのではなく、参加者同士が対話しながら自分の言葉を紡ぎ出していく。今まで私が受けてきたセミナーとはちがうスタイルだったため、私にとって学びが大きかったです。
　また、「演じる」ことを通して自分と対話し学びを深める手法も、これまでにないやり方で、学びが多かったです。

　それから、時間を見つけては、演劇的手法・ドラマ教育・インプロ（即興演劇）のワークショップに参加し学びを深めました。
　特に劇団朋友さんが主催する「エデュケーションWS」は、プロの劇団員の方とご一緒することができ、今でも忘れることができないよい経験となりました。

　色々なワークショップに参加してわかったことは、参加者同士の「つながり」をとても大切にしていることでした。
　また、演劇経験0の私でも「挑戦」したくなる言葉がけがあり、挑戦し

たことによって「承認された喜び」も感じとることができました。

・挑戦しようと思える雰囲気
・参加者同士でつながりたいと思える雰囲気
・承認された（受け入れてもらえた）という雰囲気

　演劇的手法のワークショップに参加することで感じることができた私の実感です。

　本書は、「はじめに」で紹介した「話し方の学校」で学び実践してきたこと、演劇的手法のワークショップで受け取ったあたたかい雰囲気の数々を、教室に落としこんだ実践書となっています。

　自分のこれまでに実践してきたことのすべてを書くことができました。私の書きたいことに「いいですね！　やりましょう！」と言ってくださった東洋館出版社の編集部の北山俊臣さん。北山さんとつなげてくれた、10年以上同じサークルで学ぶ同志の山崎克洋先生や、私が尊敬してやまない渡辺道治先生に感謝しつつ、この本を出版できる喜びをかみしめています。

　本書がたくさんのクラスの「朝の雰囲気を変える」お助けとなればうれしい限りです。

高橋優

参考文献

梅田悟司（2016）『「言葉にできる」は武器になる。』日本経済新聞出版

梅田悟司（2018）『気持ちを「言葉にできる」魔法のノート』日本経済新聞出版

絹川友梨（2002）『インプロゲーム―身体表現の即興ワークショップ』晩成書房

鴨頭嘉人（2017）『今まで誰も教えてくれなかった人前で話す極意 〜年間330講演 プロの講演家が語るスピーチのコツ』サンクチュアリ出版

エイミー・C・エドモンドソン（2021）『恐れのない組織――「心理的安全性」が学 習・イノベーション・成長をもたらす』英治出版

星渉（2018）『神メンタル「心が強い人」の人生は思い通り』KADOKAWA

向山洋一（2015）『新版 授業の腕を上げる法則』学芸みらい社

著者紹介

高橋優（たかはしゆう）

1981年生まれ。皇學館大学卒。神奈川県立公立小学校教諭。教育サークル「一刻館」代表。NPO法人教師と子どもの未来・湘南、子育て教育コミュニティ『つみき』所属。SHIEN学アドバイザー。朝を変えれば教室は変わるがモットー。 大切にしていることは『クラスの雰囲気作り』。森桂作先生と『楽しい学級作りセミナー』を月１回開催。渡辺道治先生と古内しんご先生と『子育てセミナー』を月１回開催。

クラスの雰囲気をつくる
スピーチ指導

2024（令和6）年2月20日　初版第1刷発行

著　者　高橋優
発行者　錦織圭之介
発行所　株式会社 東洋館出版社
　　　　〒101-0054　東京都千代田区神田錦町2-9-1
　　　　　　　　　　コンフォール安田ビル2階
　　　　代　表　TEL：03-6778-4343　FAX：03-5281-8091
　　　　営業部　TEL：03-6778-7278　FAX：03-5281-8092
　　　　振　替　00180-7-96823
　　　　ＵＲＬ　https://www.toyokan.co.jp

［装　　丁］　中濱健治
［イラスト］　イケマリコ
［組　　版］　株式会社　明昌堂
［印刷・製本］　株式会社シナノ

ISBN 978-4-491-05415-5　　　　　　　　　　Printed in Japan